NICE, MONACO
ET LA RIVIERA FRANÇAISE
EN QUELQUES JOURS

CORALIE MODSCHIEDLER

Sommaire

Préparer son séjour 4

Vieux-Nice (p. 36)

Explorer Nice et la Riviera française 29

Vaut le détour

Hier et aujourd'hui 155

Carnet pratique 163

Coups de projecteur

Bienvenue à Nice et sur la Riviera française

Atypique et grande séductrice devant l'Éternel, "Nissa la bella" sait jouer de ses multiples facettes pour faire tourner la tête à ses visiteurs. Historique du côté des vestiges de Cimiez, culturelle avec ses musées, élégante dans ses palaces, elle se fait balnéaire le long de la promenade des Anglais. La côte escarpée, s'étirant jusqu'à la frontière italienne, égrène des stations balnéaires toutes plus coquettes les unes que les autres. Quant à la mythique enclave de Monaco, elle rayonne aux quatre coins du monde avec son casino et son palais princier.

Place Masséna (p. 66)
ENDM3/SHUTTERSTOCK

Casino de Monte-Carlo

Un temple du jeu bâti dans le style Belle Époque. **p. 106**

Colline du Château

Une fenêtre donnant sur la Méditerranée. **p. 34**

Musée océanographique de Monaco

Une plongée dans le monde sous-marin. **p. 110**

MAMAC

La vitrine de l'art contemporain à Nice. **p. 90**

Musée Marc Chagall

La plus grande collection d'œuvres de Chagall. **p. 78**

Musée Masséna

Il présente des joyaux de l'histoire de la Belle Époque. **p. 56**

Villa Ephrussi de Rothschild

Un bijou architectural aux superbes jardins. **p. 132**

Activités de plein air

Avec un climat parmi les plus ensoleillés de France et la proximité des plages de la Méditerranée, Nice est une ville où il fait bon lézarder dehors. Si vous avez eu votre content de farniente, sillonnez la promenade des Anglais à vélo ou à rollers, avant de vous adonner aux sports aquatiques dans la Grande Bleue.

Parcs, jardins et places

Nice s'enorgueillit d'une multitude de beaux espaces publics, des places Masséna et Garibaldi à la colline du Château. Les jardins de Monaco méritent aussi une visite.

Sur le front de mer

La promenade des Anglais et le quai des États-Unis s'étendent sur plusieurs kilomètres le long du front de mer de Nice : c'est l'endroit le plus propice à une balade. Une piste cyclable longe la baie des Anges sur près de 14 km. Vous pourrez facilement vous procurer un Vélo bleu (p. 166), le système de location de deux roues en libre-service de la ville, dans une des nombreuses stations installées dans le centre de Nice. De nombreux prestataires louent des rollers, des vélos, des gyropodes et du matériel pour les sports aquatiques.

Balades à pied

Promenade des Anglais Mêlez-vous à la foule estivale le long du légendaire front de mer de Nice. (p. 54)

Promenade du Paillon Rejoignez les familles niçoises pour une balade ou emmenez vos enfants jouer sur ce sentier piétonnier. (photo ; p. 65)

Jardins Saint-Martin Profitez des sentiers verdoyants, des sculptures en plein air et de la vue mirobolante sur le port de Monaco depuis le sommet de la falaise. (p. 119)

Plages

Plage des Ponchettes Piquez une tête dans la Méditerranée ou faites une partie de beach-volley sur cette plage publique à deux pas du Vieux-Nice. (p. 40)

Plage Paloma Des eaux turquoise lèchent cette

ROSTISLAV GLINSKY/SHUTTERSTOCK ©

superbe crique nichée à Saint-Jean-Cap-Ferrat. (p. 137)

Plage de la Petite Afrique Emplacement spectaculaire au pied des falaises, à Beaulieu-sur-Mer. (p. 141)

Plages du Cap-d'Ail Nichées dans de très jolies baies, les plages de la Mala ou des Pissarelles sont un régal hors saison (p. 143)

Parcs et jardins

Colline du Château Gravissez la colline dominant le Vieux-Nice pour découvrir les ruines du château et un point de vue imprenable. (p. 34)

Jardin des Arènes Prévoyez un pique-nique au milieu des oliviers et des ruines romaines de ce parc de Cimiez. (p. 84)

Jardin de Menton Découvrez la plus grande collection d'agrumes d'Europe à Carnolès, le paradis exotique de Val Rameh ou encore les terrasses du Serre de la Madone. (p. 148)

Roseraie Princesse Grace Ce jardin public de Monaco compte plus de 4 000 rosiers. (p. 120)

Activités sportives

Glisse Évasion Un spécialiste des sports aquatiques, sur le côté plage de la promenade des Anglais. (p. 66)

Roller Station Choisissez votre mode de déplacement préféré chez ce loueur de rollers, skateboards, trottinettes et vélos. (p. 41)

Acti Loisirs Sur le port de Villefranche-sur-Mer, ce prestataire propose des sorties en mer pour observer baleines et dauphins. (p. 139)

Vaut le détour : jardin avec point de vue imprenable

Admirez de splendides vues et des essences rares au **jardin exotique** (p. 142) du vieux village d'Èze.

Gastronomie

Des stands de cuisine de rue aux restaurants étoilés au Michelin, Nice présente une large palette de restaurants. La cuisine traditionnelle niçoise tient encore le devant de la scène, mais tant les bistrots contemporains que les tables internationales font souffler un vent d'éclectisme sur la cité azuréenne.

L'empreinte méditerranéenne

La cuisine azuréenne est connue comme l'une des plus légères au monde. De fait, les légumes, le poisson, l'huile d'olive et les aromates y ont la part belle. Les spécialités niçoises sont colorées et inspirées des produits du terroir. Ne manquez pas l'incontournable pan-bagnat, la socca, les petits farcis ou encore la pissaladière (p. 43).

Influences internationales

L'abondance de pâtes fraîches dans les épiceries et les restaurants attestent de l'influence italienne sur la cuisine niçoise. Par ailleurs, vous n'aurez pas de mal à trouver en ville de bons restaurants asiatiques, indiens, libanais ou nord-africains.

Petits budgets

Chez Pipo Dégustez la socca, la pissaladière et la tourte aux blettes dans cette institution niçoise dans le quartier du port. (p. 97)

Gare du Sud Une nouvelle halle gourmande avec 31 échoppes à découvrir dans l'ancien hall d'une gare iconique avec plus d'un siècle d'histoire. (p. 84)

Chez Palmyre Un menu de trois plats à prix très doux, servi dans une salle intimiste. (p. 42)

Le Tchitchou Une table appréciée de longue date pour son excellente cuisine niçoise sans prétention. (p. 70)

La Maison des Pâtes Ce stand du marché de La Condamine, à Monaco, sert des plats de pâtes appétissants à petits prix. (p. 122)

Bistrots et brasseries

Olive et Artichaut Une délicieuse cuisine régionale, exécutée avec brio, dans un charmant petit bistrot du Vieux-Nice. (p. 42)

La Maison de Marie Une cuisine savoureuse

MATTHIEU JOSEPH-AIME ©

dans une jolie cour aménagée en plein cœur de Nice. (p. 67)

Bar des Oiseaux Cette ancienne discothèque est une institution du Vieux-Nice où déguster une cuisine de marché inspirée. (p. 42)

Peixes Installez-vous au comptoir et observez les chefs au travail dans ce restaurant de fruits de mer. (p. 42)

Franchin Cette élégante brasserie est un écrin idéal pour un repas à base de spécialités niçoises. (p. 67)

Végétariens et végans

Utopia Une nouvelle adresse végan qui propose des plats gourmands italiens 100% végétaux et 100% délicieux. (p. 99)

Koko Green Spécialités crues, véganes et végétariennes des quatre coins de la planète. (p. 44)

Badaboom Restaurant végan et bar à jus très couru, dans le quartier branché du port. (p. 98)

Tables gastronomiques

Flaveur Une cuisine moderne et inventive dans une salle décorée d'œuvres d'art contemporain. (p. 69)

Jan Ce chef sud-africain fait des merveilles en fusionnant les saveurs avec brio et créativité. (p. 100)

Vaut le détour : escapade gastronomique à Menton

Divine cuisine et vue époustouflante sur la Méditerranée vont de pair au **Mirazur**, installé dans une villa des années 1930 surplombant le centre historique de Menton (voir p. 149).

Bars et vie nocturne

Apéro dans les pubs du Vieux-Nice, sur un rooftop avec vue mer ou dans les bars à vins très tendance du Petit Marais, concerts, spectacles à l'opéra ou festivals d'été : après le coucher du soleil, Nice et Monaco ne manquent pas de lieux de sortie.

Vieux-Nice

Le Vieux-Nice est le centre névralgique de la vie nocturne, avec une enfilade quasi ininterrompue de bars parallèle au front de mer le long de la rue Saint-François-de-Paule et du cours Saleya. La rue de la Préfecture, la rue Benoît-Bunico et la rue Rossetti comptent également de nombreux bars.

Le Petit Marais

Une clientèle jeune se rassemble dans ce quartier bohème entre la place Garibaldi et le port Lympia. La rue Bonaparte est incontournable pour une tournée des bars.

Ville moderne et au-delà

Le bord de mer le long de la promenade des Anglais est jalonné de bars de plage côté Méditerranée, et de terrasses de cafés et de bars de l'autre côté de la rue. À quelques pâtés de maisons dans les terres, le quartier de la Libération est aussi très prisé.

Les plus beaux points de vue

Farago on the Roof Le coucher de soleil sur la ville, la mer et les montagnes est magnifique depuis ce nouveau bar *rooftop*. (p. 72)

Skylounge Nice Bar & Rooftop Cocktails et vue panoramique sur les toits de Nice et la magnifique basilique Notre-Dame, en plein centre-ville. (p. 72)

La Movida Pour un cocktail avec vue sur la mer. (p. 47)

Les meilleurs cocktails

Bocca Cocktails et tapas sont le duo gagnant de ce nouveau bar animé du Vieux-Nice. (p. 47)

Rosalina Bar À l'apéritif, les boissons sont accompagnées d'une tapenade maison. (p. 101)

Le Café des Chineurs Idéal pour observer

CORALIE MODSCHIEDLER ©

les passants, à l'angle de la place Garibaldi et de la rue Bonaparte. (p. 102)

Les meilleurs bars à vins

La Part des Anges Des en-cas et des vins sélectionnés par un passionné. (p. 72)

Rosé ! Ici, on l'affirme haut et fort : tous les vins n'ont pas été créés égaux. (p. 101)

Les meilleurs bars à bières

BDA Bar Une nouvelle adresse à ne pas manquer pour les fans de bières artisanales. (p. 100)

Beer District Une sélection de 16 bières à la pression qui évolue constamment. (p. 86)

Brasserie artisanale de Nice Bière artisanale produite avec un ingrédient niçois inattendu : le pois chiche ! (p. 87)

Bars musicaux

L'Octave Concerts, jam sessions et brunch en musique le dimanche. (p. 103)

Rascasse Concerts et sets DJ sur le front de mer de Monaco. (p. 125)

Salles de spectacles

Opéra de Nice Un bel écrin où voir des opéras, des ballets et des concerts de musique classique. (p. 48)

Opéra de Monte-Carlo Un bijou néoclassique de Charles Garnier intégré au casino de Monaco. (p. 127)

Cocktail de haute volée dans un palace mythique

Prenez place dans le cadre feutré du **Bar du Negresco** (☎ 04 93 16 64 00 ; 37 promenade des Anglais ; ⏲ tlj, 14h30-1h mi-juin à mi-sept, 11h30-minuit mi-sept à mi-juin), tout en boiseries et en tapisseries anciennes, pour savourer une coupe de champagne (à partir de 25 €) ou un cocktail raffiné.

Shopping

À Nice, chaque quartier du centre a sa spécialité. Si vous rêvez d'objets anciens, prenez la direction du quartier du Port-Garibaldi. Les fashionistas feront leurs emplettes dans le Carré d'or ou dans les boutiques vintage du Vieux-Nice. C'est aussi dans ce quartier que l'on trouve des produits gastronomiques et des souvenirs typiquement niçois.

Plaisirs épicuriens

Dans les ruelles du Vieux-Nice, les vitrines débordent de produits alléchants provenant de la Côte d'Azur et de tout le sud de la France.

Des boutiques aux antiquaires

Les boutiques haut de gamme sont concentrées dans le Carré d'Or de la ville moderne, tandis que les boutiques plus originales sont légion dans le Vieux-Nice et le quartier du Port-Garibaldi. Ce dernier est aussi le terrain de prédilection des antiquaires.

Les plus beaux marchés

Marché de produits frais du cours Saleya Vous pourrez vous y ravitailler en fruits, légumes, fromages, olives, viennoiseries et en-cas, vendus par des dizaines de producteurs locaux. (p. 32)

Marché aux fleurs du cours Saleya Roses, mimosa et petits citronniers embaument le cours Saleya. (p. 33)

Marché de la Condamine Le marché fermier du Rocher offre un aperçu de la vie quotidienne des Monégasques. (p. 129)

Marché de la Libération Un marché haut en couleur et toujours très fréquenté. (p. 87)

Marché aux puces du cours Saleya Belles trouvailles en perspective sur ce marché aux puces (photo) qui se tient tous les lundis. (p. 32)

Les meilleurs commerces de bouche

Le Fromage Une profusion de fromages régionaux remplit les vitrines de cette fromagerie du Vieux-Nice. (p. 51)

Pâtisserie LAC Comblez vos rêves chocolatés les plus fous dans cette boutique niçoise réputée. (p. 51)

Maison Auer Paradis des gourmands, cette confiserie mérite la visite, ne serait-ce que pour sa vitrine. (p. 49)

BELLENA/SHUTTERSTOCK ©

Olio Donato Pâte à tartiner à la noisette exceptionnelle, huile de truffe et autres produits italiens. (p. 51)

Moulin à Huile d'olive Alziari Pour se procurer une huile d'olive produite dans les environs de Nice. (p. 51)

Les meilleurs cavistes

Caves Caprioglio Les habitants achètent le vin en vrac tandis que les visiteurs se procurent des bouteilles de bellet. (p. 51)

Cave de la Tour Dans ce commerce de quartier, les vins sont vendus à la bouteille ou au verre. (p. 50)

L'Orangerie Liqueur artisanale produite à partir d'oranges amères cueillies à Monaco. (p. 129)

Les plus belles boutiques

Les Délices de Candice Découvrez des bijoux fantaisie confectionnés avec soin dans la plus ancienne boutique de Nice, autrefois un confectionneur de parapluies. (p. 50)

Au Bonheur des Cocottes Cette boutique vend des objets vintage rénovés avec créativité ainsi que des œuvres d'art originales. (p. 103)

Les meilleurs antiquaires

Village Ségurane Passage obligé pour les amateurs d'antiquités, le Village Ségurane et les rues alentour rassemblent des dizaines de vendeurs d'objets anciens et modernes. (p. 103)

Vaut le détour : marché pittoresque

À 30 minutes en train de Nice, ne manquez pas le **marché provençal** (cours Masséna ; 7h-13h mar-dim sept-juin, tlj juil-août) d'Antibes. Sous une superbe halle au toit en fer forgé, des dizaines de stands vendent toutes sortes de produits alimentaires de la région.

Musées et monuments

Au XIXe siècle, l'essor du tourisme hivernal sur la Côte d'Azur s'est accompagné de l'édification de fastueux hôtels et de magnifiques palais et villas, dont certains ont été transformés en lieux d'exposition. Nice, qui a exercé un fort attrait sur les artistes, s'enorgueillit de plusieurs importants musées d'art.

Une ville d'artistes

La lumière, les couleurs et la douceur du climat de la Côte d'Azur ont séduit d'innombrables artistes. Henri Matisse arriva à Nice en 1916 pour se remettre d'une bronchite et fut tellement ébloui par la lumière qu'il y passa le reste de son existence. Chagall, Picasso et Renoir tombèrent aussi sous le charme de la cité, qui devint, à partir des années 1950, le fief des artistes de l'école de Nice (Yves Klein, Arman ou Ben Vautier).

Les trésors de la Belle Époque

L'opulence de la Côte d'Azur a longtemps été symbolisée par le casino de Monte-Carlo et les hôtels de la promenade des Anglais à Nice. De nombreux palais et villas ont été aménagés en musées, offrant aux visiteurs un regard passionnant sur le passé de la région.

Collections insolites

Timbres, pièces de monnaie ou voitures anciennes : les musées de Monaco conservent des collections qui pourront occuper une journée pluvieuse.

Art

Musée Matisse Décelez l'influence de Nice sur l'œuvre de Matisse dans ce musée occupant une villa du XVIIe siècle. (p. 76)

Musée national Marc Chagall Une immersion dans l'univers onirique de Chagall. (p. 78)

Musée d'Art moderne et d'Art contemporain (MAMAC) Découvrez l'école de Nice à travers les œuvres d'Yves Klein, de Martial Raysse ou d'Arman, natifs de Nice ou de sa région. (p. 90)

Musée des Beaux-Arts Jules-Chéret On peut y admirer les œuvres

CORALIE MODSCHIEDLER ©

des primitifs niçois, de Fragonard, mais aussi celles de Claude Monet, Sisley, Bonnard ou Dufy. (p. 64)

Villa Ephrussi de Rothschild Une villa rose aussi belle à l'extérieur qu'à l'intérieur, posée dans un somptueux jardin. Elle conserve des peintures de Fragonard, du mobilier Louis XVI et de la porcelaine de Sèvres. (p. 132)

Les plus belles collections

Musée océanographique de Monaco Photos, spécimens et matériel de plongée ancien invitent les visiteurs à découvrir l'histoire de l'exploration sous-marine. (p. 110)

Collection de voitures anciennes La collection du prince Rainier III compte de pures merveilles. (p. 119)

Histoire

Musée Masséna La magie de la Belle Époque est palpable dans ce musée installé dans une villa de la fin du XIXe siècle. (p. 56)

Palais princier de Monaco Marchez dans les pas des Grimaldi dans ce palais bâti au XIIIe siècle (p. 118)

Architecture

Casino de Monte-Carlo Un bijou Belle Époque où Charles Garnier a exercé son talent d'architecte. (p. 106)

Hôtel Negresco Ce palace de légende (photo) se dresse sur la promenade des Anglais. (p. 59)

Villa Kérylos Une demeure bâtie et meublée sur le modèle des villas de la Grèce antique. (p. 141)

Vaut le détour : hommage à Renoir

Le **musée Renoir** (☎ 04 93 20 61 07 ; ch. des Collettes ; 6 €, gratuit -26 ans ; ⏲ tlj sauf mar) de Cagnes-sur-Mer, où le peintre passa ses dernières années, conserve 14 toiles du maître, dont les célèbres *Grandes Baigneuses*.

Avec des enfants

Ses plages, ses activités de plein air et ses manifestations publiques dédiées aux plus jeunes font de Nice une destination idéale pour voyager en famille. L'office du tourisme de Nice publie un guide du voyage (www.nicetourisme.com/votre-nice-en-famille) qui mentionne les aires de jeux parmi d'autres informations utiles.

SOLOMAKHA/SHUTTERSTOCK ©

Pour se défouler

Promenade du Paillon Pour se mouiller sous les jets d'eau, courir dans l'herbe et grimper sur la baleine et la pieuvre dans l'aire de jeux. (photo ; p. 65)

Parc Princesse Antoinette Joignez-vous aux Monégasques dans cette aire de jeux et ce minigolf aménagés sur le versant d'une oliveraie. (p. 115)

Les plages familiales

Plage des Ponchettes Plage publique proche du Vieux-Nice. (p. 40)

Plage des Fourmis Les familles apprécient particulièrement les eaux paisibles et la facilité d'accès de la plage de Beaulieu-sur-Mer. (p. 141)

Les meilleures activités

Noël à Nice En décembre, un village de Noël s'installe dans le jardin Albert-Ier. Les enfants profitent alors de la patinoire, des manèges, des châteaux gonflables, de la grande roue et des visites du Père Noël.

Carnaval de Nice Confettis, jongleurs, acrobates et défilés d'insectes géants et de rois et reines en papier mâché. (p. 68)

Musée océanographique de Monaco Observez les requins et les poissons tropicaux évoluant dans l'aquarium de Monaco, haut de 6 m. (p. 110)

Palais princier Assistez à la relève de la garde devant le palais de Monaco. (p. 118)

Pour les petits gourmands

Gelateria Azzurro Observez l'élaboration des cornets gaufrés en attendant votre délicieuse glace. (p. 46)

Chocolaterie de Monaco Dégustez un chocolat chaud et d'autres délices dans la vieille ville de Monaco. (p. 125)

Cours et circuits organisés

Plusieurs circuits, cours et excursions permettent de découvrir les nombreuses facettes de Nice et du département des Alpes-Maritimes. Explorez le superbe littoral de Nice en bateau, participez à un circuit pédestre dans le Vieux-Nice et inscrivez-vous à une dégustation de vin ou à un cours de cuisine.

KIEV.VICTOR/SHUTTERSTOCK ©

Office du tourisme (☎04 92 14 46 14 ; www.nicetourisme.com ; 5 promenade des Anglais ; adulte/enfant/-5 ans : 10-12 €/6-8 €/gratuit). L'office du tourisme propose des visites guidées de 2 heures du Vieux-Nice ou de la promenade des Anglais, ainsi qu'un circuit Vieux-Nice spécialement conçu pour les familles avec enfants de 6 à 14 ans. Découvrez le cœur historique de Nice, ses ruelles colorées et ses monuments emblématiques.

Centre du patrimoine (☎04 92 00 41 90 ; www.nice.fr/fr/culture/patrimoine ; 14 rue Jules-Gilly ; adulte/réduit/-18 ans : 5 €/2,50 €/gratuit). Cet organisme municipal propose des visites guidées de 2 à 3 heures. Explorez les quartiers du port, du Vieux-Nice ou de la Libération. C'est à travers le centre du patrimoine que vous pourrez aussi visiter la crypte archéologique (p. 96) et le fort du mont Alban (p. 100).

Riviera is Yours (☎06 19 90 00 08 ; www.rivieraisyours.com ; sur réservation, minimum 3 personnes ; adulte/-13 ans : 14-44 €/8-19 €). Le guide Lucas Lachegar propose d'excellentes visites guidées en ville ou sur le littoral, des balades gourmandes avec dégustations et des chasses au trésor.

Trans Côte d'Azur (www.trans-cote-azur.com ; quai Lunel). Installée sur le port de Nice, cette agence propose des croisières d'une heure le long de la baie des Anges et de la rade de Villefranche-sur-Mer, d'avril à octobre. De fin mai à septembre, elle se rend aussi à l'île Sainte-Marguerite (1 heure), Saint-Tropez (2 heures 30), Monaco (45 minutes) et Cannes (1 heure).

Château de Bellet (☎04 93 37 81 57 ; www.chateaudebellet.com ; 482 chemin de Saquier). C'est dans les collines dominant Nice que s'étend le petit terroir viticole du Bellet, une appellation qui ne compte qu'une dizaine de producteurs. Parmi eux, ce merveilleux domaine, à 9 km au nord-ouest de Nice. Appelez pour organiser une visite du vignoble et de la cave, avec dégustation.

En 4 jours

1er jour

ROSTISLAV GLINSKY/SHUTTERSTOCK ©

Passez la matinée à explorer le labyrinthe des ruelles du Vieux-Nice. Après avoir arpenté les **marchés du cours Saleya** (p. 32), découvrez la **cathédrale Sainte-Réparate** (p. 41) et le **palais Lascaris** (p. 40) avant de gravir la **colline du Château** (p. 34) pour un superbe point de vue sur la vieille ville. Après un déjeuner végan à **Koko Green** (p. 44) ou un menu de bistrot au **Bar des Oiseaux** (p. 42), passez l'après-midi sur la **promenade des Anglais** (p. 54), en lézardant sur la plage ou sur les fameuses chaises bleues de Nice. Après un bon dîner au **Canon** (p. 71), terminez la soirée avec un verre vue mer sur le nouveau *rooftop* de l'Hotel AC Marriott, **Farago on the Roof** (p. 72).

2e jour

MLBOYERL/SHUTTERSTOCK ©

Pour un réveil en douceur, prenez un café et goûtez aux délicieuses pâtisseries de **Déli Bo** (p. 97) ou commandez un jus de fruits pressé à froid chez **Badaboom** (p. 98). Vous pourrez alors plonger dans l'univers d'Yves Klein et Niki de Saint Phalle, au **musée d'Art moderne et d'Art contemporain** (p. 90).

Après une socca et quelques en-cas niçois **Chez Pipo** (p. 97), cap sur le port de Nice pour une **croisière** (p. 96) le long de la côte près de Villefranche-sur-Mer (p. 139). Le soir, prévoyez une table gastronomique au **Jan** (p. 100) ou des bons plats méditerranéens à **L'Uzine** (p. 99), puis attablez-vous dans les bars du Petit Marais, comme **Rosé !** (p. 101) et **BDA Bar** (p. 100).

3e jour

KIEV.VICTOR/SHUTTERSTOCK ©

Entamez la journée dans le quartier de Cimiez. Visitez le **musée Matisse** (p. 76), puis baladez-vous parmi les oliviers et les **ruines romaines** (p. 83).

Faites un tour du monde gustatif dans les halles gourmandes de la **Gare du Sud** (p. 84), puis rejoignez la gare de Nice pour monter à bord du TER qui chemine le long de la Riviera.

Selon votre humeur et la météo, descendez à **Cap-d'Ail** (p. 143) pour profiter des plages, à **Roquebrune-Cap-Martin** (p. 143) pour explorer les ruelles du vieux village jusqu'au château, ou à **Menton** (p. 146) pour visiter ses jardins botaniques et ses églises baroques. De retour à Nice, dégustez le ceviche de **Peixes** (p. 42) avant une tournée des terrasses du Vieux-Nice.

4e jour

DROZDIN VLADIMIR/SHUTTERSTOCK ©

Pour votre dernier jour, offrez-vous une pause shopping à **Monte-Carlo** (p. 129). Puis, accordez-vous du temps pour la visite du rocher de Monaco, dont vous ne manquerez pas le **musée océanographique** (p. 110), le **palais princier** (p. 118) et le **casino** (p. 106).

Après un déjeuner à **La Maison des Pâtes** (p. 122), sur le **marché de La Condamine** (p. 129), gagnez le village perché d'**Èze**, où vous marcherez parmi les essences rares du **jardin exotique** (p. 118) ou sur les pas du philosophe Friedrich Nietzsche en sillonnant le **chemin** (p. 143) qui porte son nom. Le soir, terminez en beauté par un repas gastronomique au **Train Bleu** (p. 123), dans le casino de Monte-Carlo, ou par un spectacle à l'**opéra** (p. 127).

Agenda

Parmi les événements phares de Nice et Monaco figurent le Carnaval de Nice fin février, le Grand Prix de Formule 1 de Monaco en mai et le Nice Jazz Festival en juillet. D'autres manifestations de moindre ampleur – compétitions sportives, festivals de musiques ou festivités saisonnières pour enfants – sont organisées tout au long de l'année.

Janvier

Festival international du cirque de Monte-Carlo

www.montecarlofestival.mc Dix jours de spectacles avec les meilleurs artistes mondiaux du cirque.

Février

Carnaval de Nice

www.nicecarnaval.com Corsos, parades, et batailles de fleurs animent les rues de Nice de mi-février à début mars (voir p. 68).

Fête du Citron

www.fete-du-citron.com Chars décorés de citrons et d'oranges, batailles de fleurs et sculptures d'agrumes durant la seconde quinzaine de février.

Mars

Printemps des arts de Monte-Carlo

www.printempsdesarts.mc Jazz, musiques actuelles, théâtre, cinéma, arts plastiques, danse... De mi-mars à mi-avril.

Avril

Tennis Rolex Monte-Carlo Masters

montecarlotennismasters.com La fine fleur du tennis mondial s'affronte sur terre battue durant une semaine.

Mai

Lu Festin de Nissa

Fête traditionnelle avec bals, dégustations et spectacles dans les arènes de Cimiez. Elle a lieu les dimanches et les jours fériés du mois de mai.

Grand Prix de Monaco

www.formula1monaco.com L'épreuve reine du championnat de Formule 1 se tient l'avant-dernier week-end de mai (voir l'encadré p. 126).

Juin

Fête du Port

Sur les quais du port Lympia, on goûte aux spécialités des chefs niçois, autour de concerts de musique traditionnelle, spectacles de rue, bals populaires...

Fête de la Saint-Pierre

Lors de cette fête patronale, les pêcheurs effectuent une procession jusqu'à la plage des Ponchettes avant de brûler une barque en l'honneur de saint Pierre.

Festival de télévision de Monaco

www.tvfestival.com Depuis 1961, il réunit les stars internationales du petit écran et décerne des récompenses.

Carnaval de Nice

Juillet

Fête du Château

Fin juin/début juillet, deux soirées estivales festives sur la colline du Château, avec des concerts gratuits de nombreux artistes.

Nice Jazz Festival

www.nicejazzfestival.fr Les plus grands noms du jazz se produisent en centre-ville, sur les scènes de la place Masséna et du Théâtre de Verdure du jardin Albert-Ier.

Nice Classic Live

niceclassiclive.com Dans le jardin des arènes de Cimiez devant le musée Matisse, les concerts en plein air donnés par de grands interprètes font la joie des mélomanes.

Monaco Art en Ciel

www.monaco-feuxdartifice.mc Cette compétition de feux d'artifice sublime le ciel de Monaco tous les étés.

Août

Festival Saint Jazz Cap Ferrat

Dans le cadre enchanteur du jardin de la Paix, musiciens confirmés et jeunes talents du jazz se mélangent.

Septembre

Monaco Yacht Show

www.monacoyachtshow.com À la fin du mois de septembre se tient le Salon le plus important de la grande plaisance internationale, avec plus de 600 exposants.

Beaulieu Classic Festival

www.beaulieuclassicfestival.com L'occasion d'écouter des virtuoses dans des lieux intimistes.

Saint-Jean-Cap-Ferrat Légendes

www.saintjeancapferrat-legendes.com Une exposition gratuite des plus belles voitures de collection.

Novembre

Fête nationale de Monaco

Elle est célébrée le 19 novembre.

Décembre

Noël à Nice

Un village de Noël investit la place Masséna. Les illuminations, la patinoire et la grande roue font la joie des petits et des grands.

Théâtre de Noël

theatredenoel.nice.fr Deux semaines de spectacles, de contes et d'animations de Noël pour les enfants à découvrir au Théâtre de Verdure.

Nice, Monaco et la Riviera française

Place Garibaldi et port Lympia (p. 89)

Émaillé de bars branchés et de boutiques insolites ou vintage, le quartier du Port et de la place Garibaldi cultive son côté bohème. C'est aussi le point de départ des croisières sur la côte.

Cimiez, Libération et Vernier (p. 75)

Accroché sur une colline, Cimiez se distingue par ses belles demeures, ses musées d'art et ses ruines romaines ; en contrebas, Libération et Vernier offrent un aperçu du mode de vie niçois.

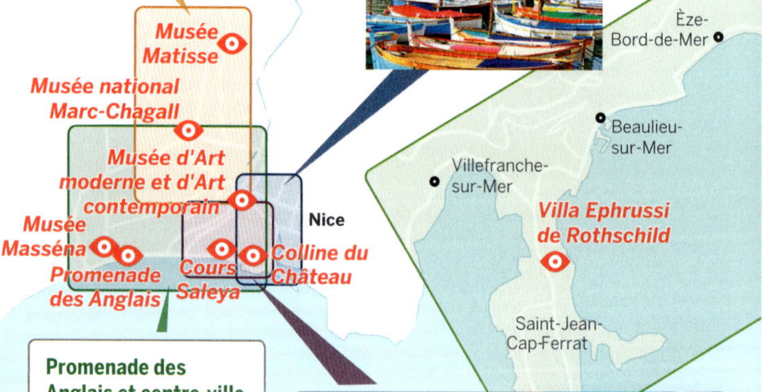

Promenade des Anglais et centre-ville (p. 53)

Les souvenirs de la Belle Époque flottent encore sur la promenade des Anglais. Derrière cette artère mythique s'étend le centre-ville, avec ses grandes enseignes et ses boutiques haut de gamme.

Vieux-Nice (p. 31)

Ce lacis de ruelles pittoresques, bordées de palais et d'églises baroques, est le cœur historique de la cité. C'est aussi là que se tient le marché le plus animé de la ville.

La Riviera française (p. 131)
Villefranche-sur-Mer, Saint-Jean-Cap-Ferrat, Beaulieu, ou Roquebrune-Cap-Martin... Ces stations balnéaires déploient des paysages grandioses et un patrimoine culturel de premier plan.

Monaco (p. 105)
Avec son prestigieux casino, son palais princier, ses musées et son Grand Prix de Formule 1, le deuxième pays le plus petit au monde sait en mettre plein les yeux.

RUE
DE LA LOGE
CARRIERA
DE LA LOGIA

Explorer
Nice et la Riviera française

Vaut le détour

Promenades à pied

Itinéraire en voiture

Vieux-Nice (p. 31) ROSTISLAV GLINSKY/SHUTTERSTOCK ©

Explorer

Vieux-Nice

Occupant un minuscule triangle entre la colline du Château et le bleu éclatant de la Méditerranée, le Vieux-Nice est l'âme de la ville, l'endroit où l'on ressent le plus vivement la culture "nissarte". Il faut s'en imprégner, arpenter les moindres recoins et surtout lever les yeux pour découvrir les façades colorées si typiquement niçoises, les nombreux palais et églises baroques. La plage, elle, n'est jamais à plus de cinq minutes à pied.

Montez sur la colline du Château (p. 34) le matin pour admirer le Vieux-Nice, entendre le carillon de la cathédrale et voir le soleil se lever sur les dômes et les toits. Après un en-cas gourmand à Marinette (p. 45), flânez sur les marchés du cours Saleya (p. 32) ou visitez la vieille ville avec le Centre du patrimoine (p. 21). Après un déjeuner Chez Palmyre (p. 42), restaurant très prisé, goûtez les douceurs de la Maison Auer (p. 49), achetez des bijoux vintage aux Délices de Candice (p. 50) ou prélassez-vous sur la plage des Ponchettes (p. 40). Le soir, regardez les passants et la mer autour d'un apéritif au Movida (p. 47) avant de dîner à Peixes (p. 42) ou Olive et Artichaut (p. 42), puis de prendre un verre sur le rooftop du Bocca (p. 47).

Comment y aller

Prenez la ligne 1 jusqu'aux arrêts Opéra-Vieille Ville ou Cathédrale-Vieille Ville.

Prenez la ligne 2 jusqu'à l'arrêt Garibaldi/Le Château depuis l'aéroport Nice Côte d'Azur.

Plan du quartier p. 38

Les incontournables

Marchés du cours Saleya

Aucune place n'est aussi emblématique de la vieille ville que le cours Saleya place piétonne, qui s'étend sur 250 m d'est en ouest le long des Ponchettes, ces maisons basses qui donnent sur la Méditerranée, sous la colline du Château. Le premier marché aux fruits, légumes et fleurs de Nice s'y est installé en 1861.

PLAN P. 40, D4

cours Saleya

6h-17h30 mar-sam
6h30-13h30 dim

1 Opéra/Vieille Ville

Marché aux fleurs

Les jours de marché, l'ouest du cours Saleya et la place Pierre-Gautier au centre sont noyés sous un océan de couleurs et de parfums. Les vendeurs du marché aux fleurs proposent aussi bien des roses que des citronniers ou des kumquats miniatures, des sachets de lavande et des savons provençaux.

Marché aux fruits et légumes

Le **marché aux fruits et légumes** (⏲mar-dim 6h-13h30) occupe deux rangées d'étals sur le cours Saleya. Il déborde de produits méditerranéens de saison de petits producteurs : tomates bio de toutes les couleurs, artichauts violets, fleurs de courgettes délicatement cannelées, olives niçoises et citrons frais provenant de la ville voisine de Menton. Le week-end, des producteurs descendent des contreforts alpins, y compris du côté italien, pour vendre des fromages de brebis et de chèvre et de la burrata.

Brocante

Le lundi, c'est la **brocante** (⏲lun 7h-18h) qui anime le cours Saleya. On y trouve aussi bien des meubles que des bijoux anciens, des pièces de monnaie, de l'argenterie, de la porcelaine et de la vaisselle. Plus de 100 vendeurs y sont réunis. N'hésitez pas à chiner et à marchander, car les prix affichés sont élevés.

Autour des marchés

Entouré de cafés, de bars et de restaurants, le cours Saleya est un lieu animé du matin jusqu'au soir. Flânez sur les marchés, installez-vous en terrasse et imprégnez-vous d'art et d'histoire en visitant le musée de la Photographie Charles Nègre (p. 41) et la chapelle de la Miséricorde (p. 41). Au centre du cours, côté sud, quelques marches vous permettent d'accéder à un joli point de vue.

★ À savoir

- Le samedi et le dimanche sont les meilleurs jours pour acheter du fromage des hauts pâturages des Alpes-Maritimes.
- Le marché aux fleurs et le marché aux fruits et légumes laissent place à une brocante le lundi.
- De mi-mai à mi-septembre, des artisans vendent leurs produits cours Saleya de 18h à minuit.
- Le peintre Henri Matisse observait l'animation du marché depuis la fenêtre de son atelier, place Charles-Félix (dans l'édifice doré situé à l'extrémité est du cours Saleya).

✕ Une petite faim

À midi, attablez-vous chez Acchiardo (p. 44), qui sert de délicieuses spécialités niçoises.

Regardez les passants en savourant un café, une bière ou un verre de vin aux Distilleries Idéales (p. 48).

Les incontournables

Colline du Château

Pour profiter d'une vue magnifique sur les toits de Nice et sur la baie des Anges, empruntez l'escalier ou l'ascenseur menant en haut de la colline du Château, à l'est de la vieille ville. Cette colline verdoyante resta fortifiée pendant près de deux millénaires. Son nom évoque l'imposant château médiéval qui s'y dressait jadis.

PLAN P. 40, G5

Colline du Château

Entrée gratuite

tlj 8h30-20h, 8h30-jusqu'à 18h oct-mars

1 Cathédrale/Vieille Ville, 2 Garibaldi/Le Château

Une forteresse (presque) imprenable

Juchée à 932 m en surplomb de la mer, la colline du château est le berceau historique de Nice. Les Grecs furent les premiers à s'y installer au IVe siècle av. J.-C. Au Moyen Âge, un noyau urbain émerge autour du château fort. Puis, après le ralliement de Nice à la Savoie (1388), la colline est transformée en place-forte militaire.

Durant le siège franco-turc de 1543, les troupes de Barberousse étaient sur le point de prendre le château quand, selon la légende, un soldat turc qui hissait le drapeau de la victoire attisa la colère d'une lavandière : Catherine Ségurane. Celle-ci lui asséna un grand coup de battoir sur la tête et lui arracha son drapeau. Ce geste redonna du courage aux Niçois et leur permit de résister jusqu'à ce que Charles III de Savoie arrive à la rescousse. En revanche, les Niçois ne purent résister au siège de l'armée de Louis XIV en 1705. Le château et les fortifications militaires de la ville furent alors entièrement détruites.

La vue de la colline

Il faut grimper les escaliers qui partent rue des Ponchettes pour se retrouver perché à 92 m au-dessus du Vieux-Nice, face à la mer (on peut aussi prendre l'ascenseur gratuit). La vue sur la ville et la baie des Anges est éblouissante. Le **parc** fleuri est un havre bucolique, avec ses cascades artificielles alimentées par les eaux de la Vésubie. On y aperçoit les vestiges de l'ancienne cathédrale datant du XIe siècle. Un superbe **cimetière** (allée François-Aragon) présente des tombeaux aux architectures spectaculaires, tels ceux des familles Grosso ou Gastaud. Hormis quelques pans de mur, pas de château donc sur la colline, mais la **tour Bellanda**, un peu en contrebas, en prenant l'escalier Lesage. C'est dans cet énorme bastion circulaire construit au XIXe siècle, que Berlioz aurait composé l'ouverture du *Roi Lear*.

★ À savoir

- N'ayez pas peur du coup de canon de midi. Tiré depuis plus de 150 ans de la colline, il annonce l'heure du déjeuner.
- Depuis le bord de mer, prenez l'ascenseur gratuit pour gagner le sommet de la colline, et contemplez la vue sans transpirer !
- Le parc de la colline du Château est un lieu de pique-nique idéal par une chaude journée d'été.
- Le parc dispose d'une aire de jeux sécurisée pour les enfants.

✕ Une petite faim

Prenez une glace, un café ou un sandwich au snack **La Citadelle**, sur la colline.

Redescendez au bord de la mer pour prendre un verre en regardant la mer à La Movida (p. 47).

A
B
C
D
1
2
3
4
5
6
R Pastorelli
R Gustave Deloye
R Blacas
R Alberti
R Gubernatis
Pl Wilson
R Foncet
R A Mortier
R de l'Hôtel des Postes
R Gioffredo
R Sacha Guitry
R Chauvain
Av Félix Faure
Pl Masséna
Promenade Masséna
Bd Jean Jaurès
R de la Boucherie
Pl Rossetti
Av de Verdun
Jardin Albert 1er
R de la Préfecture
R du Marché
Cathédrale Sainte-Réparate
Gelateria Azzurro
R Saint-Vincent
Pl du Palais
R Sainte-Réparate
R A Mari
R Raoul Bosio
R Al Mari
R St-Gaëtan
Musée de la Photographie
Pl Pierre Gautier
R Saint-François de Paule
Chapelle de la Miséricorde
R Louis Gassin
Cours Saleya
Marchés du cours Saleya
Quai des États-Unis
MER MÉDITERRANÉE
0
200 m
Nos adresses
Les incontournables p. 32
Voir p. 40
Activités p. 41
Se restaurer p. 42
Prendre un verre p. 47
Sortir p. 48
Shopping p. 49

E
F
G
H
2
3
4
5
6
40
Av Félix Faure
Pl Garibaldi
R Bonap
ÉGLISE
Chez René Socca
R Miralhéti
17
Pl Saint-Augustin
R Cassini
29
R de la Tour
R Sincaire
Montée de Montfort
Promenade du Paillon
Pl Saint-François
R Pairolière
18
R François Zanin
Néron
R du Collet
30
R Guigonis
R Sainte-Claire
11
R de la Croix
R du Pont Vieux
14
R Benoît Bunico
2
R de la Loge
12
Palais Lascaris
Fenocchio
Montée du Château
Allée Professeur Benoît
R Rossetti
R Saint-Joseph
Chez Thérésa
R Droite
R Centrale
5
Église du Gesù
Pl du Gesù
Parc du Château
13
22
VIEUX-NICE
Fenocchio
R de la Barillerie
R Jules Gilly
R de la Poissonnerie
Q Lunel
20
21
1
R des Ponchettes
Ponchettes
Colline du Château
Baie des Anges
Montée Lesage
Q Rauba Capeu
Q Infernet

promenade des Anglais. Vous devrez laisser une pièce d'identité en dépôt. Comptez un supplément de 1/3 € par heure/jour pour les casques et les protections. (☎04 93 62 99 05 ; www.roller-station.fr ; 49 quai des États-Unis ; rollers, skates et trottinettes par heure/jour 5/15 €, vélos 5/18 € ; ⏲tlj 9h-20h juil-août, 10h-19h mai-juin et sept-oct, 10h-18h nov-avr ; 🚊1 Opéra/Vieille Ville)

Se restaurer

Olive et Artichaut PROVENÇAL €€€

8 PLAN P. 38, D4

Une cuisine savoureuse et gourmande "entre mer et montagne" et exécutée avec brio. Les produits locaux sont à l'honneur, et tout est délicieux : des cocktails maison inventifs et parfaitement dosés, aux poissons et viandes savoureusement tendres, sans oublier les desserts exquis. Service impeccable et souriant. Un sans-faute. Réservation conseillée. (☎04 89 14 97 51 ; www.oliveartichaut.com ; 6 rue Sainte-Réparate ; plats 20-32,50 €, menus 33-59 € ; ⏲mar-sam 12h-14h et 19h-22h ; 🚊1 Cathédrale/Vieille Ville)

Peixes POISSON ET FRUITS DE MER €€

9 PLAN P. 38, B4

Si vous êtes plutôt poisson, les carpaccios, ceviches, tartares et pêches du jour de Peixes satisferont toutes vos envies. Une carte composée selon les arrivages et les saisons, favorisant une pêche locale et des produits frais, préparés à la minute dans une cuisine ouverte. Installez-vous en terrasse ou au comptoir pour observer les chefs au travail. (☎04 93 85 96 15 ; 4 rue de l'Opéra ; petites assiettes 9-16 €, plats 18-31 € ; ⏲mar-sam 12h-14h et 19h-22h ; 🚊1 Opéra/Vieille Ville)

Bar des Oiseaux BISTROT €€

10 PLAN P. 38, D3

Caché dans une ruelle, ce bistrot animé de la vieille ville était auparavant une discothèque très courue (des peintures murales de l'ancien établissement ont été conservées). On y déguste aujourd'hui une cuisine traditionnelle aux accents modernes. En semaine, le menu du déjeuner est d'un excellent rapport qualité/prix. Pensez à réserver. (☎04 93 80 27 33 ; 5 rue Saint-Vincent ; menu midi 3 plats 20 €, menu soir à partir de 30 € ; ⏲mar-sam 12h-14h et 19h-22h ; 🚊1 Opéra/Vieille Ville)

Chez Palmyre NIÇOIS €

11 PLAN P. 38, E3

Si vous souhaitez goûter une authentique cuisine niçoise, choisissez ce petit restaurant convivial, bondé et exigu, au cœur de la vieille ville. Au menu, des plats de viande, comme les tripes, le veau, la poule au pot et bien d'autres classiques à l'imbattable rapport qualité/prix. Réservez, même pour le midi. (☎04 93 85 72 32 ; 5 rue Droite ; menu 3 plats 18 € ; ⏲lun, mar, jeu, ven 12h-13h30 et 19h-21h30 ; 🚊1 Cathédrale/Vieille Ville)

Les incontournables de la cuisine niçoise

Sa cuisine du soleil, colorée et odorante, largement inspirée des produits du terroir, comblera les amateurs de bonne chère. Ne manquez pas ces spécialités régionales :

Aïoli Plat classique du vendredi à base de morue et de légumes bouillis servi avec une délicieuse mayonnaise à l'ail (l'aïoli).

Barbajuans Chaussons frits farcis aux blettes, aux oignons, au persil, au riz et au fromage râpé.

Beignets de fleurs de courgettes Fleurs de courgettes trempées dans une pâte à frire et cuites dans un bain de friture.

Bugnes Ces délicieux beignets parfumés à la fleur d'oranger font leur apparition dans les boulangeries niçoises au moment du carnaval.

Capoun Chou farci à la viande, aux œufs, au fromage, aux oignons et au persil.

Daube Plat de bœuf et de légumes nourrissant mijoté au vin rouge.

Merda dei can Le nom de ce plat qui signifie "crotte de chien" fait référence à la forme cylindrique de ces gnocchis verts aux blettes.

Pan-bagnat Petit pain rond coupé en deux, garni de crudités, thon ou anchois, œufs durs, olives, tomates, poivrons et arrosé d'huile d'olive.

Petits farcis Légumes (tomates, poivrons, aubergines, courgettes et oignons) farcis avec de la viande hachée, de l'ail, du persil et de la mie de ain.

Pissaladière Tarte en pâte à pain, garnie d'oignons, de filets d'anchois et d'olives noires.

Salade niçoise La plupart des chefs niçois sont d'accord pour dire que la vraie salade niçoise est faite avec des tomates, des oignons verts, des œufs durs, des anchois, des olives, des poivrons et/ou du thon, mais parfois aussi avec des artichauts violets crus, des radis, du céleri et/ou des fèves. En revanche, elle ne contient ni pommes de terre bouillies ni haricots verts !

Socca Grande galette salée à la farine de pois chiches.

Tourte aux blettes Tarte aux blettes, aux raisins secs, aux pommes et aux œufs, saupoudrée de sucre. La version salée contient du fromage.

La socca

En-cas préféré des Niçois, la socca est une grande galette à base de farine de pois chiches cuite à l'huile d'olive au four à bois dans une grande poêle métallique. Une fois qu'on l'a sortie du four, on la poivre et on la découpe en plusieurs parts. Voici deux adresses très populaires dans la vieille ville :

Chez Thérésa (plan p. 38, E3 ; 06 13 53 11 76 ; cheztheresa.fr ; pl. Pierre-Gautier et 28 rue Droite ; socca 3 €, autres en-cas à partir de 2,50 € ; mar-dim 9h30-15h). Situé au milieu des marchés du cours Saleya, ce stand attire toujours les foules grâce à sa socca fraîchement sortie du four et à d'autres en-cas niçois, tels les farcis, la pissaladière et la tourte aux blettes. Également une adresse permanente 28 rue Droite.

René Socca (plan p. 38, F1 ; 04 93 92 05 73 ; 2 rue Miralhéti ; socca 3 €, petites assiettes 3-6 € ; mar-dim 9h-22h juil-août, 9h-21h sept-juin). On y sert d'excellentes parts de socca ou des assiettes de beignets de sardines et de petits farcis. Il est possible de les manger assis à une table si vous commandez une boisson au bar situé en face.

La Rossettisserie FRANÇAIS **€€**

12 PLAN P. 38, E3

Bœuf, porc, poulet, veau ou agneau, la viande rôtie est ici de rigueur. En accompagnement, vous aurez le choix entre pommes de terre (en purée ou sautées), ratatouille ou salade. Cuisine simple mais imparable, décor rustique et superbe cave voûtée. (04 93 76 18 80 ; www.larossettisserie.com ; 8 rue Mascoïnat ; plats 17,50-21,50 € ; lun-sam 12h-14h et 19h-22h ; 1 Cathédrale/Vieille Ville)

Acchiardo NIÇOIS **€**

13 PLAN P. 38, E4

Tenu par la même famille depuis 1927, ce restaurant de quartier se distingue par son service chaleureux et la qualité irréprochable de ses mets. Les Niçois et les vacanciers se serrent dans ses trois salles aux murs en pierre pour déguster des délices niçois, comme la *merda de can* (petits gnocchis aux blettes), les filets de rouget à la tapenade, au persil et aux haricots verts et le tiramisu. (04 93 85 51 16 ; 38 rue Droite ; plats 16-19 € ; lun-ven 12h-14h et 19h-22h ; 1 Cathédrale/Vieille Ville)

Koko Green VÉGAN **€**

14 PLAN P. 38, E3

Créée par un chef néo-zélandais et une naturopathe française, cette adresse récente propose un large choix de plats végans, crus et sans gluten. En semaine, les plats du jour sont d'inspiration internationale : pad thaï, tacos, biryani de légumes.

Tous sont bio et accompagnés de jus pressés. Rien ne vaut cependant le cheese-cake végan : les amateurs de produits laitiers le trouveront crémeux à souhait ! (07 81 63 14 88 ; www.kokogreen.com ; 1 rue de la Loge ; plat du jour 16,50 € ; jeu-sam 12h-15h, dim 12h-16h ; ; 1 Cathédrale/Vieille Ville)

Le Comptoir du Marché

BISTROT **€€**

15 PLAN P. 38, D3

Le décor est celui d'une cuisine à l'ancienne, les prix sont modestes et la cuisine est, comme on pouvait s'y attendre, bonne. Les cinq ou six plats du jour (magret de canard, lapin confit, daube de poulpe...) sont écrits à la craie sur une ardoise. (04 93 13 45 01 ; 8 rue du Marché ; plats 17-23 € ; mar-sam 12h-14h et 19h-22h ; 1 Cathédrale/Vieille Ville)

Marinette

DRUNCH **€**

16 PLAN P. 38, D3

Si le petit-déjeuner est votre repas préféré, vous allez adorer Marinette, l'adresse de référence des amoureux du brunch : pancakes sucrés et salés en tous genres, irrésistibles gâteaux maison, smoothies et jus de fruits frais, le tout dans une ambiance conviviale, avec des tables en bois disposées dans une jolie ruelle donnant sur la cathédrale Sainte-Réparate. Le menu du midi est tout aussi alléchant : tartare de gambas, poke bowl poulet, salade caesar... (04 93 88 29 52 ;

Stand de socca chez Thérésa (p. 44)

www.marinette-kitchen.com ; 13 rue Colonna-d'Istria ; formule petit-déj 12,50 €, plats midi 18-21 € ; mer-dim 8h-19h ; 1 Cathédrale/Vieille Ville)

L'Escalinada

NIÇOIS **€€**

17 PLAN P. 38, F1

Farcis niçois, fritures d'encornets, daube à l'ancienne, raviolis et gnocchis faits maison ou encore tourte de blettes : découvrez une délicieuse cuisine locale, préparée sur place depuis près de 50 ans et servie dans un cadre rustique et chaleureux en plein cœur du Vieux-Nice. L'une des meilleures adresses pour goûter de véritables spécialités niçoises. (04 93 62 11 71 ; escalinada.com ; 22 rue Pairolière ; plats 11-28 € ; tlj 11h-15h et 18h30-23h ; 1 Cathédrale/Vieille Ville, 2 Garibaldi/Le Château)

La P'tite Cocotte

BISTROT **€€**

18 PLAN P. 38, F2

Tout le monde aime ce petit bistrot qui doit son nom à sa spécialité : un délicieux fondant au chocolat cuit dans une "p'tite cocotte" et accompagné de glace à la pistache. Le menu abonde en mets préparés avec des ingrédients méditerranéens associés de façon originale : risotto aux asperges violettes, raviolis crémeux au parmesan et au citron, morue rôtie au thym... (04 97 08 48 61 ; www.la-ptitecocotte-nice.com ; 10 rue Saint-Augustin ; plats 12-15 € ; lun, mer-ven 19h-21h45, sam-dim 12h15-14h15 et 19h-21h45 ;

Des glaciers à vous faire fondre

Quel meilleur intermède entre deux bains de soleil qu'une pause gourmande chez un glacier renommé du Vieux-Nice ?
Fenocchio (plan p. 38, E3 ; 04 93 80 72 52 ; www.fenocchio.fr ; 2 pl. Rossetti ; 1/2 boules 2,50/4 € ; tlj 9h-minuit mar-nov). Ce maître glacier est le roi des glaces depuis 1966. Une centaine de parfums au choix ahurissant : olive, figue, bière, lavande, violette... L'attente est plus courte à la seconde adresse (6 rue de la Poissonnerie ; mer-lun 9h-minuit mar-nov), tout près.
Azzurro Artisan Glacier (plan p. 38, D3 ; 04 93 13 92 24 ; 1 rue Sainte-Réparate ; glace à partir de 2,70 €, pas de carte bancaire ; tlj 11h30-23h). Oui, la glace est divine ici, mais les cornets en gaufre faits maison sont encore plus exceptionnels et ils sont cuits sous vos yeux !
Néron Pâtissier Glacier (plan p. 38, F2 ; 06 56 88 03 76 ; 15 pl. Saint-François ; 1/2 boules 2,50/5 € ; tlj 9h30-23h). Louis Dubois, chef pâtissier au CV impressionnant, régale les gourmands avec ses délicieuses glaces et pâtisseries sans colorants ni arômes artificiels.

Fenocchio

1 Cathédrale/Vieille Ville, 2 Garibaldi/Le Château)

Prendre un verre

Bocca

BAR ROOFTOP

19 PLAN P. 38, C4

Ce nouveau bar *rooftop* en plein cœur de la vieille ville attire le beau monde avec sa déco luxuriante, son ambiance conviviale et son grand toit-terrasse entièrement végétalisé. Emplacement idéal à l'entrée du cours Saleya, tapas méditerranéennes, cocktails, vins et champagne : tout est réuni pour bien démarrer la soirée ! (04 93 82 34 81 ; www.boccanissa.com ; 3 rue Saint-François-de-Paule ; tlj 12h-15h et 19h-1h ; 1 Opéra/Vieille Ville)

Le Bateleur

PUB

20 PLAN P. 38, E4

Entre pub et bar à cocktails, Le Bateleur deviendra vite un de vos endroits favoris à l'heure de l'apéro, avec son accueil chaleureux, son ambiance détendue, sa déco soignée et ses deux terrasses côté cours Saleya et cours Jacques-Chirac, à deux pas de la promenade des Anglais. Happy hour 17h-20h. (04 93 81 36 82 ; lebateleur.com ; 12 cours Saleya ; ven-sam 17h-2h30, dim-jeu 17h-2h ; 1 Cathédrale/Vieille Ville)

Movida

BAR À COCKTAILS

21 PLAN P. 38, E5

Aucun lieu du Vieux-Nice ne se prête mieux à l'observation des passants que la terrasse

Deux fabricants de pâtes

Pendant des siècles, Nice se sentait plus proche de l'Italie que de la France, et sa culture reste profondément italienne, comme le prouvent ses nombreux magasins de pâtes fraîches. Au 7 rue Sainte-Réparate, la **Maison Barale** confectionne de délicieux raviolis aux artichauts, aux pistaches ou au citron confit. En face, **Tosello**, qui a fêté ses 200 ans en 2016, est célèbre pour ses gnocchis aux blettes appelés *merda de can* ("crotte de chien").

et le balcon du Movida, qui donnent sur le front de mer. Idéal au coucher du soleil pour siroter un cocktail avec quelques tapas en profitant de la vue. Également au programme : concerts et DJ sets pour animer le reste de la soirée. (04 93 80 48 04 ; movidanice.com ; 41 quai des États-Unis ; tlj 11h30-2h ; 1 Cathédrale/Vieille Ville)

Les Distilleries Idéales BAR-CAFÉ

22 PLAN P. 38, E4

L'une des adresses préférées des Niçois, au cœur de la vieille ville. Dans un décor années 1930, avec un vieil alambic, la carte offre un beau choix de vins et de bières pression, de cocktails et de *shots*. Happy hour 18h-20h. (04 93 62 10 66 ; www.facebook.com/ldinice ; 24 rue de la Préfecture ; tlj 9h-0h30 ; 1 Cathédrale/Vieille Ville)

El Merkado BAR

23 PLAN P. 38, B4

"In Sangria We Trust", tel est le slogan de ce bar à tapas branché situé à quelques pas du cours Saleya et de l'Opéra de Nice. Rien de tel que de savourer un cocktail sur sa terrasse ou sur un sofa après la plage. (06 60 97 70 94 ; el-merkado.com ; 12 rue Saint-François-de-Paule ; tlj 9h30-2h30 mai-sept, 11h-1h30 oct-avr ; 1 Opéra/Vieille Ville)

Sortir

Opéra de Nice OPÉRA

24 PLAN P. 38, C4

Bâti en 1885 dans le style néoclassique, cet édifice majestueux accueille des opéras, des ballets et des concerts de musique classique. On peut notamment y assister aux représentations de l'orchestre philharmonique de Nice. (04 92 17 40 79 ; www.opera-nice.org ; 4-6 rue Saint-François-de-Paule ; 1 Opéra/Vieille Ville)

Théâtre des Oiseaux CAFÉ-THÉÂTRE

25 PLAN P. 38, D3

Mado la Niçoise, alias Noëlle Perna, a commencé par faire rire les clients dans le Bar des Oiseaux attenant, autrefois tenu par ses parents. Dans ce petit Olympia du Sud, on assiste à des spectacles d'humour, des comédies et des one-man-show pleins de piquant ! (☎04 93 80 21 93 ; www.theatredesoiseaux.com ; 6 rue de l'Abbaye ; 🚊1 Opéra/Vieille Ville)

Wayne's

CONCERTS

26 ✪ PLAN P. 38, D3

Comptant parmi les nombreux bars de cette rue qui borde la vieille ville, le Wayne's s'affiche comme un authentique pub : large choix de bières pression, concerts et retransmissions sportives sur grand écran. Ambiance bruyante et assurément fêtarde. (☎04 93 13 46 99 ; www.facebook.com/waynesbarnice ; 15 rue de la Préfecture ; 🕒tlj 10h-2h ; 🚊1 Opéra/Vieille Ville)

Shopping

Maison Auer

FRIANDISES

27 🛍 PLAN P. 38, C4

Avec ses comptoirs et ses miroirs dorés, ce somptueux magasin tenu par la même famille depuis cinq générations ressemble plus à une boutique du XIXe siècle qu'à une confiserie. C'est pourtant ici que les connaisseurs achètent leurs fruits confits et leurs amandes chocolatées depuis 1820. (☎04 93 85 77 98 ; www.maison-auer.com ; 7 rue Saint-François-de-Paule ; 🕒lun-sam 9h-13h30 et 14h-19h ; 🚊1 Opéra/Vieille Ville)

Opéra de Nice

Explorer

Promenade des Anglais et centre-ville

Aucun lieu ne symbolise mieux Nice que la superbe promenade des Anglais, bordée de palmiers et d'établissements mythiques. Créée pour l'agrément des riches hivernants au XIXᵉ siècle, elle s'est imposée comme l'épicentre de la vie mondaine à la Belle Époque et en lieu de passage incontournable de nos jours. Derrière la promenade s'étend le centre moderne, bâti au XIXᵉ siècle pour répondre à l'essor touristique de la ville. C'est aujourd'hui le cœur battant de Nice, avec une myriade de bars, de restaurants, de grandes enseignes et de boutiques luxueuses.

Débutez la journée en dégustant un petit-déj bio à La Popote d'Ondine (p. 69), puis suivez la promenade du Paillon (p. 65) jusqu'au Carré d'Or (p. 73). Déjeunez vietnamien à Deli Bao (p. 70) ou niçois au Tchitchou (p. 70), avant de gagner la promenade des Anglais (p. 54). Après un cours d'histoire sur Nice à la Belle Époque au musée Masséna (p. 56), prélassez-sous sur la plage. Le soir, prenez l'apéritif à La Part des Anges (p. 72), dînez à La Maison de Marie (p. 67), puis sirotez un verre sur les toits à Farago on the Roof (p. 72).

Comment y aller

La ligne 1 s'arrête à la gare, avenue Jean-Médecin et place Masséna. La ligne 2 s'arrête à Alsace-Lorraine, avenue Jean-Médecin et Durandy.

Les bus 12, 23 et 32 longent la promenade des Anglais.

Plan du quartier voir p. 62

Place Masséna (p. 64) KABIRK/SHUTTERSTOCK ©

Les incontournables

Promenade des Anglais

C'est probablement l'un des plus beaux fronts de mer au monde ! Avec son terre-plein planté de palmiers, il épouse la courbe harmonieuse de la baie des Anges sur toute sa longueur. Très large, avec une piste cyclable, c'est le paradis des promeneurs et des amateurs de roller. Pour les plus rêveurs, des bancs et des chaises peintes en bleu y sont installés, face à la mer.

PLAN P. 64, C5

12, 23, 32

L'invention de la Prom'

À la fin du XVIIIe siècle, de nombreuses familles fortunées élisent Nice comme lieu de villégiature hivernale. Parmi elles, une importante colonie britannique. Sous l'influence de ces nouveaux venus, Nice se tourne progressivement vers son littoral.

Il revient à un Anglais, le révérend Lewis Way, d'avoir fait construire à ses frais en 1820 une chaussée large de 2 m qui longe le littoral. Le succès de ce "chemin des Anglais" conduit au prolongement et à l'élargissement de la promenade. Des villas et des hôtels de style néoclassique sortent de terre, hébergeant aristocrates et têtes couronnées. La Promenade devient dès lors l'épicentre de la vie mondaine. Certains de ces établissements sont encore visibles aujourd'hui, tels le **Westminster** (1881), le **Royal** (1906) et bien sûr le **Negresco** (p. 59). La "Prom" actuelle est inaugurée en 1931 par le duc de Connaught, un des fils de la reine Victoria.

Les plages

La promenade des Anglais compte de nombreuses plages publiques ainsi qu'une quinzaine de plages privées. Dotées de restaurants et de bars, elles disposent souvent de cabines privées et d'aires de jeux pour les enfants. Pour y louer un matelas et un parasol, comptez de 20 à 25 € par jour.

Deux plages publiques disposent d'aménagements spécifiques pour les personnes handicapées : la **plage du Centenaire** et la **plage de Carras.**

Sachez que les plages niçoises sont couvertes de galets. Un matelas pliant sera donc le bienvenu, à moins que vous ne choisissiez celui d'une plage privée. Prévoyez aussi des chaussures de plage pour marcher sans vous faire mal et vous brûler.

★ À savoir

- Les plages de sable les plus proches de Nice se trouvent à Beaulieu-sur-Mer (voir p. 140).
- Sachez que l'accès à la mer est public. Vous pouvez donc marcher sur les galets des plages privées à condition de rester près du bord de l'eau.
- Après 14h, de nombreuses plages privées font payer seulement une demi-journée pour la location d'un matelas et d'un parasol.

Une petite faim ?

Installez-vous à la terrasse de La Rotonde (p. 71) pour un café au soleil dans un endroit rempli d'histoire et emblématique de la Côte d'Azur : l'hôtel Negresco.

Profitez pleinement de la vue sur la Méditerranée en savourant une salade, un tartare de poisson ou une escalope de veau sur la plage de l'Hôtel Amour (p. 169).

Les incontournables

Musée Masséna

Bâtie entre 1898 et 1901, cette somptueuse demeure Belle Époque était à l'origine la résidence secondaire de Victor Masséna, petit-fils du maréchal d'Empire André Masséna et député des Alpes-Maritimes sous le Second Empire. Elle abrite maintenant un musée consacré à l'histoire de la Côte d'Azur.

PLAN P. 62, C5

04 93 91 19 10 ; 65 rue de France

Pass musées de Nice 24h/7 jours 10/20 € ; gratuit -18 ans et étudiants

tlj sauf mardi 10h-18h mai-oct, 11h-18h nov-avr

12, 23, 32 Congrès/ Promenade

La villa et ses jardins

En entrant dans le jardin du musée depuis la promenade des Anglais, vous plongerez instantanément dans le monde de la Belle Époque, période où les vastes demeures entourées de parcs paysagers étaient légion à Nice. La villa est l'œuvre de l'architecte danois Hans-Georg Tersling (1857-1920), qui a construit de nombreux édifices sur la Côte d'Azur, comme le palais Carnolès à Menton ou l'Hôtel Métropole à Monte-Carlo.

Achetez votre ticket dans la maison du gardien au toit mansardé, à l'arrière de la propriété (rue de France), puis visitez le rez-de-chaussée de la villa de la fin du XIXe siècle, où plusieurs pièces d'origine ont gardé un aspect et une ambiance aristocratiques.

De Napoléon à Garibaldi

Un escalier en marbre avec une rampe en fer forgé mène au 1er étage. Vous y verrez un surprenant portrait de Giuseppe Garibaldi, originaire de Nice, portant sa célèbre chemise rouge, ainsi que des objets liés à Napoléon, qui séjourna à Nice à maintes reprises. Le masque mortuaire de l'empereur y est conservé, ainsi qu'une cape brodée et un diadème en nacre orné d'or et de pierres précieuses de l'impératrice Joséphine.

Histoire de la Belle Époque et origines du carnaval

Situées à l'étage, les salles consacrées à Nice à la Belle Époque sont les plus belles du musée. On y voit notamment des affiches anciennes du carnaval ou des réclames vantant la douceur du climat niçois. Ne manquez pas enfin les remarquables clichés sépia du XIXe siècle et la maquette du casino de la Jetée-Promenade, dont le dôme domina longtemps la promenade des Anglais.

★ À savoir

- En faisant l'acquisition du Pass musées de Nice, vous aurez accès à tous les musées municipaux, du musée Matisse au musée d'Art moderne et d'Art contemporain (voir aussi p. 166).
- L'expression "Côte d'Azur" fut inventée en 1887 par l'écrivain Stéphen Liégeard. Un exemplaire d'origine de son livre *La Côte d'Azur* est exposé dans le musée.

Une petite faim ?

À 5 minutes du musée, la brasserie Franchin (p. 67) sert de très bons plats du jour à prix corrects à l'heure du déjeuner.

Prenez de la hauteur pour siroter un cocktail avec une vue sublime mer et montagne à Farago on the Roof (p. 72), sur le toit de l'Hotel AC Marriott, à quelques minutes à pied du musée.

…ade à pied

…e des Anges

À Nice, le spectacle de la Grande Bleue a toujours agi comme un aimant sur les visiteurs. Remontez à votre rythme la célèbre promenade des Anglais pour en découvrir les lieux mythiques et les plus beaux panoramas, sans oublier de piquer une tête dans la Méditerranée si le temps le permet.

Itinéraire

Départ Hôtel Negresco

Arrivée Quai Rauba-Capeù

Distance et durée
2 km ; 1 heure

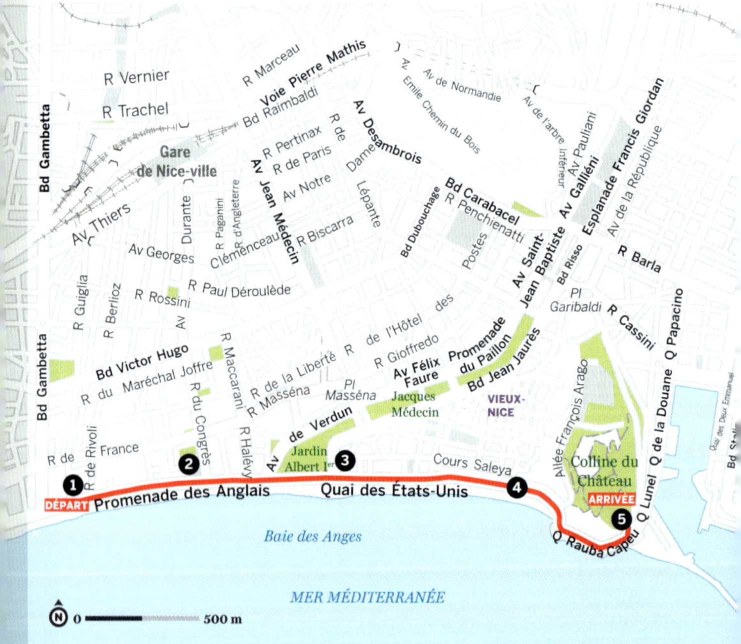

❶ Hôtel Negresco

Partez du somptueux **hôtel Negresco** dont le dôme rose symbolise la splendeur du Nice de la Belle Époque. Inauguré en 1913, ce palace mythique a dès son origine accueilli artistes, hommes politiques et têtes couronnées. L'architecte Niermans, qui a conçu le plan de l'édifice, est également l'auteur de la sublime verrière du salon royal, sous laquelle pend un immense lustre en cristal de Baccarat initialement destiné au tsar Nicolas II de Russie. La dernière propriétaire des lieux, Jeanne Augier (1923-2019), en a fait un véritable palace-musée, retraçant toutes les époques de l'histoire de France à travers sa collection d'œuvres et d'objets d'art.

❷ Tableau de Dufy

Après avoir jeté un coup d'œil aux jardins de la **villa Masséna** (p. 56), continuez sur la Promenade en direction du **Palais de la Méditerranée** (p. 61). Arrêtez-vous en chemin sur la reproduction d'un **tableau** peint en 1927 par Raoul Dufy, *Le Casino de la jetée, promenade aux deux calèches*, placée sur la Promenade. On y voit un élégant édifice surmonté d'un dôme et flanqué de tourelles semblant sorti d'un conte de fées. Ouvert en 1891, ce casino symbolisa le côté glamour de la promenade durant un demi-siècle jusqu'à sa destruction par les troupes allemandes à la fin de la Seconde Guerre mondiale.

❸ La Chaise de SAB

En longeant la mer vers l'est, après avoir dépassé sur votre gauche le **jardin Albert-Ier**, vous vous retrouverez devant une sculpture représentant une **chaise** bleue géante suspendue dans les airs. *La Chaise de SAB* de l'artiste Sabine Géraudie marque la fin de la promenade des Anglais côté est. Autre symbole de la Promenade, les chaises bleues (rassemblées par rangées de 20 pour dissuader les voleurs) ont fait leur apparition dans les années 1950. Elles sont aujourd'hui produites par le designer Jean-Michel Wilmotte.

❹ Quai des États-Unis

En continuant votre marche vers l'est le long du **quai des États-Unis** (le prolongement de la promenade des Anglais), vous parviendrez au niveau des **Ponchettes** (p. 40), ces maisonnettes de pêcheurs dont les toits plats faisaient autrefois office de promenade.

❺ Quai Rauba-Capeù

Le **quai Rauba-Capeù**, dont le nom signifie "voleur de chapeaux" car le vent y souffle souvent fort, s'enroule autour de la colline du Château. Le point de vue sur la baie des Anges est sublime, surtout au coucher du soleil. Sur le flanc de la corniche trône un colossal **monument aux morts** creusé dans la roche orné de sculptures d'Alfred Janniot. Il rend hommage aux 4 000 Niçois qui périrent lors des deux guerres mondiales.

Promenade à pied

Rêverie Art déco

Nice a vu fleurir le style Art déco dans le bouillonnement des années 1920. Durant cette époque insouciante, de riches commanditaires passaient commande d'immeubles luxueux et de lieux de distraction à des architectes acquis aux préceptes de l'Art déco. Petit tour d'horizon des édifices remarquables.

Itinéraire

Départ Palais de la Méditerranée

Arrivée Poste Thiers

Distance et durée
1,5 km ; 1 heure

❶ Palais de la Méditerranée

À mi-chemin de la promenade des Anglais, le **Palais de la Méditerranée** impose sa silhouette massive au regard. Conçu par les architectes Dalmas, père et fils, ce magnifique édifice Art déco a été inauguré en 1929. Il répondait au désir du financier américain Frank Jay Gould d'implanter un troisième casino dans la ville, à une époque où la frénésie pour les jeux d'argent battait son plein. Du palais des plaisirs d'alors, il ne reste que la façade évoquant un palais de l'Antiquité avec ses colonnes, ses pilastres et ses bas-reliefs du sculpteur Antoine Sartorio. Le lieu appartient aujourd'hui au groupe de luxe Hyatt qui y a installé un hôtel, un restaurant et un casino.

Sur la promenade des Anglais, d'autres immeubles se réclament de l'Art déco, à l'image du **Forum** (n°45-47) ou du **Palais Bel Azur** (n°49).

❷ Gloria Mansions

Parallèle au front de mer, la **rue de France** comporte plusieurs beaux édifices typiques de l'entre-deux-guerres. Arrêtez-vous au n°123 devant le **Gloria Mansions**, fleuron de l'architecture Art déco aujourd'hui classé monument historique. Si la façade de cet immeuble résidentiel pique la curiosité avec sa magnifique grille d'entrée encadrée de colonnes et surmontée par des bas-reliefs, il faut pénétrer à l'intérieur de l'édifice pour en admirer tout le raffinement. Escalier hélicoïdal, vitraux, boîtes aux lettres : l'inspiration des architectes Garabed Hovnanian et Kevork Arsenian, qui ont conçu l'immeuble dans le style des appartements-hôtels new-yorkais, se niche dans le moindre détail.

❸ Quartier des Musiciens

Reprenez la rue de France en sens inverse puis remontez vers le nord en prenant le boulevard Gambetta. Vous arriverez dans le **quartier des Musiciens**, dont les rues portent le nom de compositeurs célèbres. Si l'architecture du quartier relève d'abord du style Belle Époque, bon nombre d'immeubles se prévalent d'une signature Art déco. C'est le cas, par exemple, de **La Rotonde** (41 bd Gambetta), ornée d'une mosaïque au 5e étage, ou de **L'Escurial** (29 rue Alphonse-Karr), ancien haut lieu des nuits niçoises, remarquable pour sa façade circulaire et sa tour lanterne. De nombreux beaux édifices Art déco vous attendent enfin **rue Rossini**.

❹ Poste Thiers

Rejoignez enfin la **Poste Thiers** (23 rue Thiers) et sa façade en forme de vaisseau, tout en briquettes rouges. L'histoire raconte que ce bâtiment, conçu par l'architecte Tronchet, Grand Prix de Rome, avait été à l'origine imaginé pour la ville de Lille. Reste qu'il a été mis en œuvre à Nice en 1931. À l'intérieur, jetez un coup d'œil aux vitraux réalisés par le maître verrier Jacques Grüber, d'inspiration cubiste.

A
B
C
D
1
2
3
4
5
6
Gare de Nice - CF de Provence
R Clément Roassal
Av Eden Park
Square Alphonse Daudet
Av Malaussena
Av Mirabeau
R Vernier
VERNIER
R Marceau
Parc Impérial
R Trachel
Bd Gambetta
Gare de Nice-ville
Av Jean Médecin
Bd du Parc Impérial
Av Gay
Av Paul Arène
R de Belgique
R d'Alsace-Lorraine
22
Basilique Notre-Dame
6
7
Église orthodoxe Saint-Nicolas
Bd du Tzaréwich
Av Thiers
Av Auber
R d'Italie
R Paganini
R d'Angleterre
Voie Pierre Mathis
R de Châteauneuf
R Guiglia
Av Georges Clemenceau
15
R Rossini
R Berlioz
R Gounod
R Paul Déroulède
R F Passy
R Verdi
Av Durante
Musée d'Art naïf (4,5 km),
Parc Phoenix (5,5 km),
Musée des Arts asiatiques (5,5 km)
Bd Victor Hugo
R Maccarani
Av des Fleurs
Bd Gambetta
R du Maréchal Joffre
Bd François Grosso
Av des Orangers
R Cronstadt
16
R Meyerbeer
R Dalpozzo
R Bottero
R de la Buffa
25
11
9
R Massenet
R de Rivoli
23
R Dante
R de France
Musée Masséna
R St Philippe
Musée des Beaux-Arts
17
Promenade des Anglais
18
8
R de France
Promenade des Anglais
MER MÉDITERRANÉE

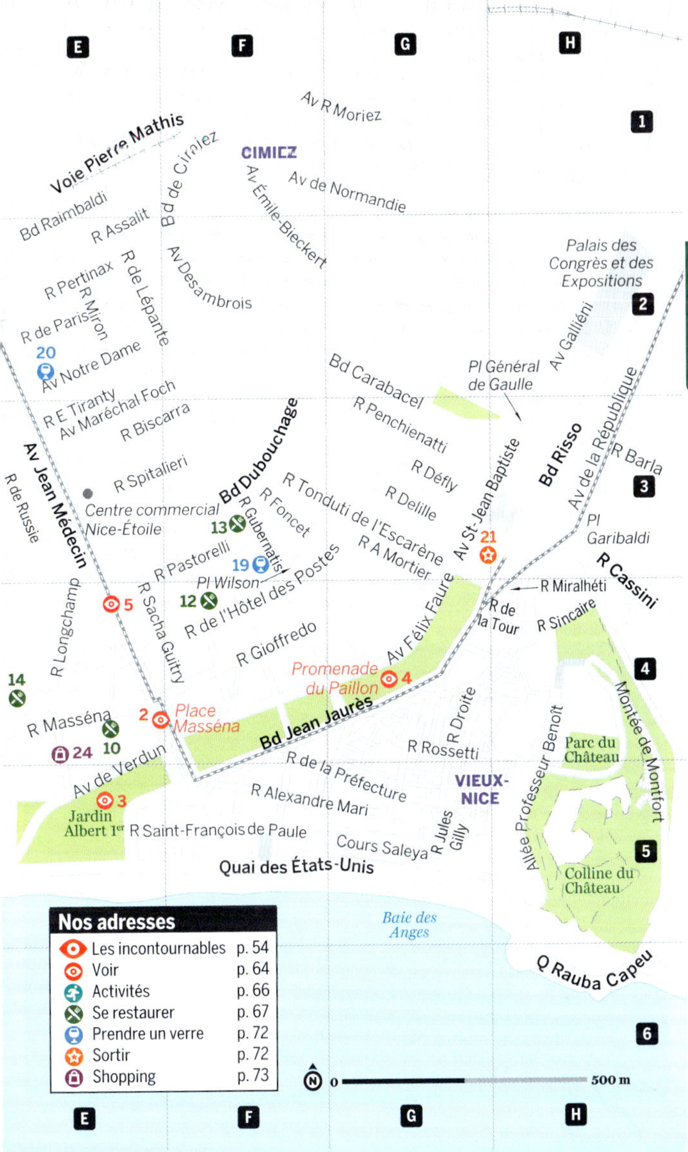
E
F
G
H
1
2
3
4
5
6
Av R Moriez
Voie Pierre Mathis
CIMIEZ
Bd de Cimiez
Av de Normandie
Av Émile-Bieckert
Bd Raimbaldi
R Assalit
Av Desambrois
R Pertinax
R de Lépante
R Miron
R de Paris
20
Av Notre Dame
R E Tiranty
Av Maréchal Foch
R Biscarra
Palais des Congrès et des Expositions
Av Galliéni
Pl Général de Gaulle
Bd Carabacel
R Penchienatti
R Défly
R Delille
Bd Dubouchage
Av Jean Médecin
R de Russie
R Spitalieri
Centre commercial Nice-Étoile
R Tonduti de l'Escarène
R Foncet
R Gubernatis
13
19
R Pastorelli
Pl Wilson
R A Mortier
Av St-Jean Baptiste
21
Bd Risso
Av de la République
R Barla
Pl Garibaldi
R Cassini
R Miralhéti
R de la Tour
R Sincaire
5
12
R Sacha Guitry
R de l'Hôtel des Postes
R Longchamp
R Gioffredo
Av Félix Faure
Promenade du Paillon
4
14
R Masséna
2
Place Masséna
10
24
Bd Jean Jaurès
R Droite
Montée de Montfort
Parc du Château
Allée Professeur Benoît
R Rossetti
Av de Verdun
3
Jardin Albert 1er
R de la Préfecture
R Alexandre Mari
VIEUX-NICE
R Saint-François de Paule
Cours Saleya
R Jules Gilly
Colline du Château
Quai des États-Unis
Baie des Anges
Q Rauba Capeu
Nos adresses
Les incontournables p. 54
Voir p. 64
Activités p. 66
Se restaurer p. 67
Prendre un verre p. 72
Sortir p. 72
Shopping p. 73
N
0
500 m

Le carnaval de Nice

L'exubérant carnaval de Nice, qui se tient au milieu de l'hiver, est apparu au Moyen Âge, mais ses traditions les plus immuables – parades de "grosses têtes" en papier mâché et chars décorés de fleurs de la région – datent de la Belle Époque, quand la cité commença à attirer les nantis du Nord en quête d'hiver doux et de divertissements frivoles.

Corsos

Les *corsos* ou défilés du soir, qui ont pour point de départ et d'arrivée la place Masséna, sont les éléments essentiels du carnaval de Nice. Le thème, qui change chaque année, est reflété par les costumes du roi et de la reine du carnaval et les nombreux chars qui les suivent. Ces derniers, de 12 m de long, 3 m de large et 20 m de haut, se composent d'une structure de 2 tonnes faite avec du papier mâché, de la peinture, des mécanismes hydrauliques et des installations électriques. Des acrobates, des personnes juchées sur des échasses et des danseurs à la tenue extravagante ajoutent à l'ambiance festive et familiale.

Batailles de fleurs

Les défilés fleuris ou batailles de fleurs datent de 1876. Des familles de la haute société se mirent à décorer leurs attelages avec d'élégantes compositions florales et à rivaliser pour obtenir la bannière de soie. Des jeunes filles lançaient des fleurs sur la foule. Aujourd'hui, les batailles rappellent celles qui existaient il y a un siècle et demi : des femmes costumées jettent des bouquets de roses, de lis et de mimosa à la foule. Ensuite, il est agréable de flâner dans les rues de Nice au milieu des familles chargées de bouquets.

Incinération du roi

Les festivités se terminent toujours par l'incinération de Sa Majesté Carnaval, à l'origine dans la Méditerranée, plus récemment sur la place Masséna. Pour les habitants, le temps fort de la soirée est le moment où l'hymne de Nice, *Nissa la Bella*, est chanté a cappella.

Agenda

Le carnaval dure 15 jours à la fin du mois de février, quelle que soit la date du mercredi des Cendres. Il existe deux catégories de tickets. Ceux donnant accès aux tribunes coûtent plus cher. Les autres permettent d'assister debout aux manifestations, plus près des chars. Pour bénéficier d'une entrée gratuite, déguisez-vous. Les meilleures places se ventent vite. Réservez sur le site : www.nicecarnaval.com.

La Popote d'Ondine

BRUNCH €

12 PLAN P. 62, F4

Une deuxième adresse (la première est à quelques pas sur la rue Gioffredo) pour cette cantine flexitarienne et écoresponsable qui propose des produits frais, bio et des plats végans : brunch gourmand, vegan bowls, bagels, pâtisseries et jus de fruits frais hauts en couleur et en saveur. Le cadre est lumineux, la déco épurée et relevée de touches vintage, et une grande terrasse permet de profiter des belles journées. (04 93 62 19 14 ; lapopotedondine.fr ; 2 rue Blacas ; plats 8-14 € ; tlj 9h-18h ; 1 Masséna)

Flaveur

GASTRONOMIE €€€€

13 PLAN P. 62, F3

Véritable temple de la haute cuisine, ce restaurant, tenu par les frères Gaël et Mickaël Tourteaux, a vu ses ambitions culinaires récompensées par l'obtention d'une deuxième étoile au guide Michelin en 2018. Les mets, souvent à base de mousses, de crèmes, de réductions et de neiges, sont raffinés, délicieux et soigneusement présentés. Pour une expérience gastronomique complète, optez pour le menu exploration (3-4 plats, 120-150 €) ou le menu toutes latitudes (6-8 plats, 185-220 €). (04 93 62 53 95 ; www.restaurant-flaveur.com ; 25 rue Gubernatis ; menu 2 plats midi 90 € ; mar-ven 12h-14h et 19h30-22h, sam 19h30-22h ; 2 Durandy)

Déli Bao

Une terre d'artistes avant-gardistes

De tout temps, Nice a inspiré les artistes. "Quand j'ai compris que chaque matin je reverrais cette lumière, je ne pouvais croire à mon bonheur. Je décidai de ne pas quitter Nice", écrivait Henri Matisse en 1917. Le peintre développa ainsi son art dans la capitale azuréenne, précurseur d'autres artistes avant-gardistes, ceux qui ont formé l'école de Nice. Les deux piliers, niçois d'origine, Yves Klein et Arman, se sont rencontrés tout jeunes, à un cours de judo, avant de se lancer dans l'aventure du nouveau réalisme. Avec eux, l'art quitte son piédestal pour se réaliser à base de n'importe quel matériau. L'essentiel est la quête de l'émotion. Ils seront vite rejoints par d'autres, comme Sacha Sosno dont la trace est désormais indélébile à Nice avec sa **Tête carrée** (2 pl. Yves-Klein) – un monument-sculpture de 30 m sur 14 m qui accueille la bibliothèque municipale. César rejoignit également le mouvement. Là encore, on peut voir une de ses œuvres emblématiques, son célèbre **Pouce doré** (esplanade Kennedy) – un moulage de son propre doigt agrandi grâce à un pantographe –, dans l'entrée du palais Acropolis.

Deli Bao

VIETNAMIEN **€**

14 PLAN P. 62, E4

Nice, c'est aussi de la cuisine exotique, et cette nouvelle adresse tenue par une famille vietnamienne en plein centre-ville est une vraie trouvaille. Bo Bun, Com Ba, Bao, soupe Pho et bien plus : ici, la street food vietnamienne aux saveurs fraîches et raffinées est mise à l'honneur. La déco vous transporte en Asie du Sud-Est, avec ses lanternes et tables en bois, et l'accueil est chaleureux. (09 88 43 23 40 ; 17 rue de la Liberté ; plats 6,50-14 € ; lun-sam 11h30-21h ; 1 Masséna, 8 Grimaldi)

Le Tchitchou

NIÇOIS **€€**

15 PLAN P. 62, D3

Depuis quelques années, l'ancien chef de L'Escalinada (une adresse bien connue des Niçois) sert dans son petit bistrot déjà incontournable des spécialités niçoises aussi savoureuses qu'exécutées avec brio, et de surcroît avec le sourire. Le menu permet de goûter tous les classiques, des petits farcis à la salade de poulpe en passant par la daube niçoise accompagnée de ses raviolis maison. Un régal et une adresse à retenir ! (09 83 32 15 30 ; 29 av. Georges-Clemenceau ; plats 16,50-19,50 € ; mar-sam 12h-14h30 et 18h30-22h30 ; 1 Jean-Médecin, 38 Mozart)

Le Canon

FRANÇAIS **€€€**

16 PLAN P. 62, C4

Dans ce bistrot de quartier douillet, Elmahdi Mobarik et Sébastien Perinetti font des merveilles avec des produits locaux. Sur leur menu affiché chaque jour à la craie sur une ardoise, ils indiquent le nom de chaque producteur. Leurs plats créatifs et joliment présentés sont proposés avec un excellent choix de vins bio. Réservation impérative. (04 93 79 09 24 ; www.lecanon.fr ; 23 rue Meyerbeer ; plats 25-28 € ; lun-ven 12h-14h30 et 19h30-22h30 ; 2 Alsace-Lorraine)

La Rotonde

BRASSERIE/ GASTRONOMIE **€€€€**

17 PLAN P. 62, C5

Installée dans une splendide salle à manger en forme de rotonde récemment rénovée dans des tons or et blanc, l'iconique brasserie chic du Negresco, pilotée par la cheffe Virginie Basselot, propose une cuisine raffinée et généreuse qui fait honneur aux produits locaux et régionaux : épaule d'agneau des Alpilles confite, poisson du jour préparé comme une bourride ou encore mousse au miel des collines des Maures. (04 93 16 64 11 ; www.hotel-negresco-nice.com ; 37 promenade des Anglais ; menus 49-89 €, plats 28-60 € ; tlj 7h-10h30, 12h-17h et 19h-22h ; 12, 23, 32 Gambetta/Promenade)

Salon royal, Negresco

ANJA VAN DE POLL/SHUTTERSTOCK ©

Prendre un verre

Farago on the Roof

BAR ROOFTOP

18 PLAN P. 62, A5

Une nouvelle adresse à ne pas manquer sur le toit de l'AC Hôtel Marriott, surtout au coucher du soleil pour profiter de la vue magnifique sur la mer et l'arrière-pays. On sirote des cocktails généreux, agrémentés de savoureuses tapas, au bord de la piscine de l'hôtel. Autre atout des lieux : le live band à partir de 19h. Réservation conseillée. (04 93 97 90 90 ; www.faragoontheroof.com ; AC Hôtel Marriott, 59 promenade des Anglais ; mar-sam avr-oct 17h-23h, live band 19h-22h ; 2 Alsace-Lorraine, 12, 32, 87 Grosso CUM/Promenade)

La Part des Anges

BAR À VINS

19 PLAN P. 62, F3

Ce bar à vins/caviste met à l'honneur les vins bio : quelques-uns sont vendus au verre, mais les meilleurs uniquement en bouteille. Ils sont servis avec des assiettes de tapenades et de charcuterie maison. Restauration le midi. Arrivez tôt ou réservez. (04 93 62 69 80 ; lapartdesanges-nice.com ; 17 rue Gubernatis ; lun-jeu 10h-20h, ven-sam 10h-minuit ; 2 Durandy)

Skylounge Nice Bar & Rooftop

BAR ROOFTOP

20 PLAN P. 62, E2

Une superbe adresse, surtout à l'heure de l'apéro, nichée au 8e étage de l'Hôtel Mercure Nice Centre Notre-Dame, en plein cœur de la ville. Son atout majeur : une vue panoramique imprenable sur les toits de Nice, de la montagne jusqu'à la mer, et la magnifique basilique Notre-Dame. Les cocktails sont excellents et le service est impeccable. (04 93 13 36 35 ; facebook.com/SkyloungeBarNice ; Hôtel Mercure Nice Centre Notre-Dame, 28 av. Notre-Dame ; tlj 9h-minuit ; 1 Jean-Médecin ou Gare Thiers)

Sortir

Théâtre national de Nice

THÉÂTRE

21 PLAN P. 62, G3

Théâtre communautaire dans le meilleur sens du terme, le TNN rend les arts du spectacle accessibles à tous. En témoignent ses spectacles à regarder en famille et son école de théâtre pour les enfants âgés de 6 à 12 ans. (04 93 13 90 90 ; www.tnn.fr ; promenade des Arts ; 1 Cathédrale Vieille Ville).

La Cave Romagnan

CONCERTS DE JAZZ

22 PLAN P. 62, D2

En semaine, cette adresse qui ne paye pas de mine est un café de quartier où les habitants se retrouvent autour d'un verre. Mais le samedi soir, elle accueille la crème du jazz local pour des concerts qui valent le détour. (07 69 54 08 06 ; caveromagnan.free.fr ; 22 rue d'Angleterre ; lun-ven 9h30-14h et 16h30-21h, sam 10h30-14h et 17h-22h ; 1 Gare Thiers)

Cinéma Rialto

CINÉMA

23 PLAN P. 62, C5

À quelques pas de la promenade des Anglais, ce cinéma offre une bonne programmation de films français et internationaux en version originale. (www.cinemarialto.fr ; 4 rue de Rivoli ; 2 Alsace-Lorraine)

Shopping

Avenue Jean-Médecin

GRANDS MAGASINS

La grande rue commerçante de Nice (voir 5 plan p. 62, E4). On y retrouve le centre commercial Nice Étoile, ainsi que de nombreuses enseignes et grands magasins : Fnac, Galeries Lafayette, Sephora, Zara, Monoprix... (1 Masséna ou Jean-Médecin, 2 Jean-Médecin)

Carré d'Or

BOUTIQUES LUXE

24 PLAN P. 62, E5

Dans le Carré d'Or à l'ouest de la place Masséna, les prestigieuses

MATTHIEU JOSEPH-AIMÉ ©

Skylounge Nice

enseignes et boutiques de luxe se succèdent le long des rues Paradis et Alphonse-Karr, et de l'avenue de Verdun : Chanel, Louis Vuitton, Cartier, Armani ou encore Hermès. (1 Masséna)

Cave Rivoli

VIN

25 PLAN P. 62, C5

Ce magasin du Carré d'Or offre un grand choix de vins de l'Hexagone, y compris du bellet AOC produit localement. (04 93 91 09 16 ; www.caverivoli.com ; 6 rue de Rivoli ; lun-sam 10h-13h et 14h30-20h ; 7, 9, 22, 27, 59, 70 Rivoli)

Explorer

Cimiez, Libération et Vernier

Perché sur une colline, le quartier de Cimiez porte l'héritage des grandes familles aristocrates qui séjournaient à Nice à la Belle Époque. Couvert de villas élégantes et d'hôtels du XIXe siècle, il recèle deux importants musées d'art, consacrés aux œuvres de Matisse et de Chagall, et des vestiges romains parmi lesquels il fait bon se promener. Au pied de la colline, Libération et Vernier méritent le détour pour leur ambiance familiale et leur marché animé.

Commencez votre journée en plongeant dans l'atmosphère chaleureuse du marché de la Libération (p. 87), qui occupe la place du Général-de-Gaulle et les rues avoisinantes. Ensuite, prenez un pan-bagnat au Kiosque Tintin (p. 84), découvrez la halle gourmande de la Gare du Sud (p. 84) ou ravitaillez-vous en produits transalpins chez Bontà Italiane (p. 87) pour manger au milieu des arènes romaines de Cimiez (p. 84). Consacrez l'après-midi aux musées dédiés à Matisse (p. 76) et à Chagall (p. 78), avant d'aller prendre un verre au Beer District (p. 86) et de dîner Aux Deux Chefs (p. 85).

Comment y aller

La ligne 1 circule le long de l'avenue Malausséna jusqu'aux quartiers Libération et Vernier.

Le bus est le meilleur moyen de se rendre à Cimiez, quartier résidentiel, pentu et éloigné du centre-ville. Parmi les bus desservant le quartier, la ligne 5 est pratique, car elle s'arrête près des musées Chagall et Matisse.

Plan du quartier voir p. 82

Ruines romaines, musée d'Archéologie de Nice (p. 83) IRISPHOTO1/SHUTTERSTOCK ©

Les incontournables

Musée national Marc Chagall

Les admirateurs de Marc Chagall seront aux anges dans ce musée, le plus important au monde consacré à l'univers poétique du peintre d'origine russe (1887-1985). La collection couvre toute sa carrière, de ses débuts à Saint-Pétersbourg aux dernières années de sa vie sur la Côte d'Azur. La majeure partie de la collection est constituée par ses tableaux. Parmi les autres œuvres, citons une mosaïque, des sculptures et des vitraux.

PLAN P. 82, B4

04 93 53 87 20 ; musees-nationaux-alpesmaritimes.fr/chagall ; av. Docteur-Ménard

tarif plein/réduit 10/8 € ; gratuit -18 ans et le 1er dimanche du mois

tlj sauf mardi 10h-18h mai-oct, 10h-17h nov-avr

5 Musée Chagall

Premières œuvres et auditorium

La galerie à gauche de la principale entrée du musée met l'accent sur les premières œuvres de Chagall, dont son *Autoportrait en vert* (1914) et plusieurs autres tableaux saisissants sur des thèmes allant du cirque à la ville natale de l'artiste : Vitebsk. Derrière cette galerie se trouve une salle de concerts, dont la scène est encadrée de vitraux bleu vif, réalisés par Chagall.

Scènes de l'Ancien Testament

Le joyau de la collection se compose de 12 toiles monumentales représentant des scènes tirées de l'Ancien Testament, peintes entre 1955 et 1968. Mesurant entre 2 et 3 m de haut et 2 et 3 m de large, elles constituent de magnifiques interprétations de la Genèse et de l'Exode. Citons notamment *La Création de l'homme (1956-1958), Adam et Ève chassés du paradis* (1961) et *Moïse recevant les Tables de la Loi (1960-1966)*. Toutes se distinguent par les couleurs vives et la vision onirique, caractéristiques de Chagall.

Autres œuvres

À l'extrémité ouest du musée, toute une salle est dédiée au Cantique des Cantiques, une série de cinq tableaux sensuels au fond rouge vif et rose, peints entre 1957 et 1966, et dédiés à sa seconde épouse Valentina Brodsky. Une immense mosaïque créée en 1971 par l'artiste pour le musée clôt l'exposition. Suspendue au-dessus d'un bassin réfléchissant, elle représente le prophète Élie transporté au paradis sur un chariot de feu et entouré des signes du zodiaque.

★ À savoir

- Le Pass musées de la ville ne donne pas accès au Musée national Marc Chagall, contrairement au French Riviera Pass (p. 167).
- Ne manquez pas les superbes vitraux de l'auditorium.
- Demandez les horaires de projection du documentaire comportant des interviews de Chagall.
- Des concerts de l'Opéra de Nice, de l'Orchestre philharmonique de Nice et d'autres formations musicales ont parfois lieu au musée.

Une petite faim ?

En face de l'entrée, la buvette **du musée** sert des en-cas et des plats légers.

À 10 minutes à pied à l'ouest, La Casa di Giulia (p. 84) sert une très bonne cuisine italienne familiale à petits prix.

Promenade à pied

La colline de Cimiez

Le quartier vallonné de Cimiez était à l'origine un bastion romain appelé Cemenelum. Au fil du temps, il s'est transformé en élégant quartier résidentiel réputé pour ses villas et ses luxueux hôtels. La reine Victoria et son escorte y passaient régulièrement l'hiver dans les années 1890 et Matisse y eut son dernier appartement et atelier. Cette promenade vous fera découvrir les plus beaux sites du quartier.

Itinéraire

Départ Musée Matisse

Arrivée Le Régina

Distance et durée
1,5 km ; 1 heure

❶ Musée Matisse

Commencez votre promenade par le **musée Matisse** (p. 76), installé dans le magnifique palais Gubernatis, villa de style génois datant de 1685. En regardant les murs rouge brique et les persiennes, prenez le temps d'observer les moulures ornées des linteaux des fenêtres. Ne remarquez-vous rien ? Elles sont en trompe l'œil.

❷ Thermes romains

À quelques pas de là, au sud-ouest, se trouve le musée d'Archéologie de Nice-Cimiez (p. 83). Traversez l'entrée pour atteindre le jardin à l'arrière (l'entrée est gratuite avec le billet du musée Matisse). Vous voici au cœur de l'ancienne Cemenelum, cité romaine qui exista du Ier au IVe siècle et qui donna son nom à Cimiez. En flânant vers l'est, vous aurez une vue splendide sur le musée Matisse et les impressionnants vestiges des **thermes** de Cemenelum.

❸ Oliviers et ruines

Sortez du musée et poursuivez votre balade vers le nord jusqu'aux **arènes** (p. 84), l'amphithéâtre de Cemenelum qui pouvait accueillir 5 000 personnes. Aujourd'hui réduit à l'état de ruines, ce site constitue un décor spectaculaire pour les joueurs de pétanque qui occupent les terrains situés à côté. Puis traversez en direction de l'est le Jardin des arènes de Cimiez, ravissant parc planté d'oliviers centenaires qui est un lieu de pique-nique idéal.

❹ Le dernier lieu de repos de Matisse

Traversez la rue pour rejoindre le **monastère de Cimiez** (p. 83). Son église du XVe siècle se dresse au milieu de superbes jardins. Tournez à gauche et franchissez une porte menant au cimetière, puis suivez les indications, tournez à gauche et descendez jusqu'à la **tombe de Matisse**, une stèle plate et sans ornements – plutôt étrange pour un artiste qui aimait la fantaisie et les couleurs vives.

❺ Jardin du monastère

Retournez devant l'église, puis traversez le **jardin du monastère** en allant vers le sud jusqu'au point de vue qui permet d'admirer le panorama de Nice sous différentes perspectives, ainsi que la Méditerranée au loin.

❻ Résidence d'hiver de la reine Victoria

Rebroussez chemin au milieu des oliviers et sortez du parc. Sur le boulevard de Cimiez, près de l'arrêt de bus (vous prendrez le n° 5 pour aller au musée national Marc Chagall), contemplez **Le Régina** (p. 84), palace monumental transformé en immeuble, où la reine Victoria passait l'hiver dans les années 1890 et où Matisse vécut 50 ans plus tard.

cette époque (13 av. J.-C.). Les objets mis au jour lors des fouilles réalisées à Cimiez sont exposés dans le musée archéologique. Bagues, clés, bijoux, monnaies et céramiques donnent vie aux vestiges environnants. (04 93 81 59 57 ; www.nice.fr/fr/culture/musees-et-galeries ; 160 av. des Arènes ; pass musée 24h/7 jours 10/20 € ; tlj sauf mardi 10h-18h mai-oct, 10h-17h nov-avr ; 5, 18, 33, 70 Arènes/Musée Matisse)

Le Régina

ÉDIFICE HISTORIQUE

3 PLAN P. 82, C1

Ancien palace fréquenté l'hiver par une riche clientèle, dont la reine Victoria (pour qui il fut construit entre 1895 and 1897), Le Régina fit faillite dans les années 1930, puis cet édifice monumental fut transformé en appartements. En 1941, Matisse y installa son atelier. Il y est mort en 1954. Les visiteurs peuvent admirer le bâtiment de l'extérieur, notamment sa magnifique façade classée monument historique, en attendant le bus qui les conduira au musée Matisse, situé plus bas. (71 bd de Cimiez ; 5, 18, 33, 70 Arènes/Musée Matisse)

Arènes

RUINES

4 PLAN P. 82, D1

Les modestes vestiges de l'amphithéâtre romain de Nice sont situés au cœur d'une vaste oliveraie, où il fait bon se reposer, voire pique-niquer. (bd de Cimiez ; 5, 18, 33, 70 Arènes/Musée Matisse)

Se restaurer

Kiosque Tintin

SANDWICHS €

5 PLAN P. 82, A4

Véritable institution locale, ce petit kiosque confectionne un des meilleurs pans-bagnats de Nice. Les Niçois s'y arrêtent pour prendre un café avant de faire leurs courses au marché Libération voisin ou après. (04 92 09 16 19 ; 3 pl. du Général-de-Gaulle ; pan-bagnat 4,90 € ; mar-dim 6h-15h ; 1 Libération)

La Casa di Giulia

ITALIEN €

6 PLAN P. 82, A4

Ne vous laissez pas tromper par l'ambiance qui fait penser à celle d'un petit restaurant familial ! Il faut réserver pour avoir une table. Avec ses savoureuses pâtes maison et son pichet de vin du pays à 4,50 €, le lieu ne désemplit pas. Impossible de trouver une table meilleur marché à Nice le midi. (09 53 47 59 85 ; www.facebook.com/lacasadigiulianice ; 2 rue Raiberti ; plats 8-14 € ; mar-sam 8h-15h30 ; 1 Libération)

Gare du Sud

FOOD COURT €

7 PLAN P. 82, A4

Minutieusement restauré en 2019, le bâtiment néoclassique de la Gare du Sud accueille aujourd'hui le premier food court de Nice : 31 échoppes à découvrir seul ou à plusieurs dans l'ancien hall d'une gare iconique avec plus d'un siècle d'histoire. Cuisines niçoise, toulousaine, thaï, indienne, scandinave ou encore mexicaine : l'occasion d'un tour

Le train des Pignes

Ce train, géré par les chemins de fer de Provence, relie Nice à Digne-les-Bains, quatre à cinq fois par jour toute l'année. Mise en service en 1911, cette ligne spectaculaire traverse les vallées du Var, du Verdon et de l'Asse en 3 heures 15, tout en desservant quelque 50 gares dont Villars-sur-Var, Touët-sur-Var, Puget-Théniers, Entrevaux... Du 13 juillet au 15 octobre, le voyage est animé par des guides-conférenciers. À savoir également : au départ de la gare de Puget-Théniers de mai à octobre, vous pouvez embarquer à bord d'un train remorqué par une locomotive à vapeur de 1923 pour un voyage dans le temps jusqu'à Annot.

Le **train des Pignes** (04 97 03 80 80 ; www.cpzou.fr ; aller/aller-retour Nice-Digne-les-Bains 24,10/48,20 €) part de la **Gare de Nice-CF de Provence** (4 bis rue Alfred-Binet ; 1 Libération), à 5 minutes à pied de l'arrêt de tramway Libération.

du monde gustatif dans un lieu dédié au voyage. (04 93 17 47 71 ; lagaredusud.com ; 35 av. Malausséna ; plats 9-17 € ; mar-dim 10h-23h, jusqu'à minuit jeu-sam mai-oct ; 1 Libération)

Au Petit Libanais LIBANAIS €

8 PLAN P. 82, A5

Cet excellent restaurant familial permet de manger autre chose que des plats français et italiens à Nice. Les assiettes de viandes marinées et grillées sont accompagnées de houmous, de moussaka et de taboulé, entre autres, le tout à des prix modiques. (04 93 81 33 03 ; 2 rue Vernier ; plats 12-15 € ; lun-sam 12h-15h et 18h30-23h ; 1 Libération)

Aux Deux Chefs BRASSERIE €€

9 PLAN P. 82, A4

Avec sa devanture rouge, ses tables en bois, ses nappes à carreaux rouges et blancs et ses pans de murs en brique, cet établissement accueillant sert une bonne cuisine de brasserie niçoise et méditerranéenne dans un cadre agréable. Goûtez en entrée la terrine de campagne maison, puis dégustez le magret de canard rôti au miel et thym du jardin ou le tartare de bœuf à la niçoise. Le service est convivial et tout est fait maison. (04 93 52 56 50 ; auxdeuxchefs.fr ; 56 rue Dabray ; plats 14-24 € ; lun-mer 12h-14h, jeu-sam 12h-14h et 19h-22h ; 1 Libération)

Chez André FRUITS DE MER €€

10 PLAN P. 82, A4

Amateur d'huîtres et de fruits de mer ? Ne cherchez pas plus loin ! Avec sa qualité de produit, ses plateaux copieux et ses prix bon marché, Chez André, maître écailler depuis 1948, est l'une des

Explorer

Place Garibaldi et port Lympia

Difficile de trouver plus belle image méditerranéenne que ces bateaux bien rangés flottant dans le port de Nice, avec pour toile de fond la façade à colonnades de Notre-Dame-du-Port et les avant-monts des Alpes. Ce quartier animé est apprécié des Niçois pour son atmosphère très vivante, avec une impressionnante concentration de restaurants, bars et établissements nocturnes dans quelques rues seulement.

La matinée idéale commence par une pâtisserie gourmande à Déli Bo (p. 97) et un jus fraîchement pressé au Badaboom (p. 98), suivi d'une visite au musée d'Art moderne et d'Art contemporain (p. 90). Déjeunez à L'Uzine (p. 99), puis baladez-vous sur les quais du port Lympia (p. 95), en ajoutant une croisière avec Trans Côte d'Azur (p. 96), un tour chez les antiquaires du Village Ségurane (p. 103) ou une bière à la terrasse ensoleillée de Foam (p. 102), sur le côté est du port. Reprenez la direction de la place Garibaldi (p. 95) pour dîner à Utopia (p. 99), puis terminez par une tournée des bars dans la rue Bonaparte.

Comment y aller

🚊 La ligne 1 s'arrête place Garibaldi. La ligne 2 dessert également la place Garibaldi (Garibaldi/Le Château) et le port Lympia, au niveau du quai des ferries.

🚌 De nombreux bus desservent le secteur du port, parmi lesquels les lignes n°7, 33, 38 et 57.

Plan du quartier p. 94

Port de Nice EQROY/SHUTTERSTOCK ©

Les incontournables

MAMAC

L'école de Nice, qui émergea dans les années 1950, eut un impact significatif sur l'évolution de l'art moderne au XXe siècle. L'impressionnant musée d'Art moderne et d'Art contemporain (MAMAC) expose des œuvres de divers mouvements ayant leurs racines à Nice, notamment le Nouveau Réalisme, Fluxus et Supports/Surfaces. On y trouve aussi des classiques du pop art et des expositions d'art contemporain, le tout dans un étonnant édifice moderniste.

PLAN P. 96, A2

04 97 13 42 01 ; www.mamac-nice.org ; pl. Yves-Klein

Pass musées de Nice 24h/7 jours 10/20 € ; gratuit -18 ans et étudiants

mar-dim 10h-18h mai-oct, 11h-18h nov-avr

1 Garibaldi, 2 Garibaldi/ Le Château

Architecture audacieuse

Qu'on l'adore ou qu'on la déteste, l'architecture du MAMAC ne laisse personne indifférent. Les quatre tours massives, habillées de marbre de Carrare, sont reliées par plusieurs passerelles vitrées, tandis que des motifs concentriques dans un arc-en-ciel pastel ajoutent une touche de couleur à la cour intérieure hexagonale surplombant la place centrale Yves-Klein. L'édifice, inauguré en 1990, fut conçu par les architectes Yves Bayard et Henri Vidal.

Collection permanente

Au 2e étage, les salles accueillent un fonds important consacré au Nouveau Réalisme de l'école de Nice. La salle Yves Klein regroupe une vingtaine d'œuvres majeures, dont les "bleus Klein" de l'artiste niçois. La salle Niki de Saint Phalle a bénéficié de l'importante donation de l'artiste franco-américaine en 2001, qui inclut ses iconiques "Nanas" ainsi que son prolifique travail d'estampe. D'autres artistes de Nice sont représentés, notamment Arman, César, Martial Raysse et Ben Vautier ; ne manquez pas la *Cambra* de Ben Vautier, une salle amusante pleine de citations et d'objets détournés par l'artiste. Outre les œuvres "locales", vous découvrirez des créations pop art d'Andy Warhol, de Robert Indiana ou de Roy Lichtenstein.

Terrasses panoramiques

Pour un panorama à 360 degrés sur Nice, gagnez le dernier étage du musée. Au point de rencontre entre le Vieux-Nice, le port, la promenade du Paillon et la ville moderne, le toit-terrasse offre une vue inégalable en présentant la ville sous tous les angles possibles. Le *Mur de feu* d'Yves Klein, un assemblage de brûleurs à gaz créant un effet hypnotisant, est allumé à l'occasion de soirées spéciales : il apporte une touche de magie à l'ensemble.

★ À savoir

- Des visites guidées d'une heure (6 € + entrée du musée) sont organisées le samedi à 15h.
- Gardez du temps afin de monter sur les toits-terrasses, pour une vue imprenable sur Nice.
- Pour voir l'édifice le plus incongru de Nice, marchez 250 m au nord du musée jusqu'à *La Tête carrée*, conçue par Sacha Sosno.

Une petite faim ?

Rechargez les batteries avec un délicieux café sur le *rooftop* de L'Octave (p. 103), juste de l'autre côté de la rue.

Déjeunez tranquillement au Déli Bo (p. 97) ou contentez-vous d'une de leurs alléchantes pâtisseries.

lace Garibaldi au port

Entre la place Garibaldi et le port Lympia s'étend un quartier riche en témoignages du passé liés à l'activité portuaire. Ce secteur, traditionnellement le fief des antiquaires, est depuis quelques années en vogue. Restaurants tendance, bars gay-friendly et boutiques insolites ont investi la rue Bonaparte et les rues adjacentes, que l'on surnomme aujourd'hui le "Petit Marais niçois".

Itinéraire

Départ Place Garibaldi

Arrivée Rue Bonaparte

Distance et durée
2 km ; 1 heure

❶ Place Garibaldi

Centre névralgique du quartier, cette vaste place (p. 95) est l'endroit idéal pour commencer la journée par un café en terrasse en admirant les habitations ocre jaune soutenues par de belles arcades. Au centre de la place trône la statue de Garibaldi, né à Nice.

❷ Chez Fabienne Ambrosio

Tenue par la même famille depuis des générations, cette **boutique** (04 93 14 40 43 ; 8 rue Catherine-Ségurane ; lun-ven 10h-12h et 14h-18h) d'articles ménagers est l'endroit où acheter une poêle à socca. La propriétaire, Fabienne, montre fièrement les photos de sa grand-mère, qui ouvrit ce commerce en 1935 ; elle pourra même vous révéler ses recettes d'olives niçoises et de vin d'orange.

❸ Le quartier des antiquaires

En vous baladant en direction du port, vous découvrirez plus de 100 **boutiques d'antiquaires** nichées dans les rues Antoine-Gautier, Catherine-Ségurane et Emmanuel-Philibert. L'occasion d'admirer – ou de vous offrir (selon vos moyens) – un objet Art déco, des tableaux anciens, des meubles contemporains ou des porcelaines asiatiques.

❹ Lou Passagin

Voici l'occasion d'embarquer à bord d'un pointu, le bateau de pêche traditionnel de la Méditerranée, à la proue pointue. Témoin vivant de l'histoire maritime de la ville, cette élégante **embarcation** (quai Lunel ; tlj 10h-19h mi-juillet à mi-octobre) transporte gratuitement les passagers (4 personnes maximum, en été seulement) dans le port de Nice.

❺ Galerie Lympia

En 2017, le département des Alpes-Maritimes a inauguré cette **galerie** (p. 96) à l'intérieur d'un ancien bagne. Les expositions sont présentées dans les anciennes cellules des prisonniers.

❻ Le long des quais

Bordé de beaux édifices aux façades colorées, le port Lympia offre une balade agréable. Le quai des Deux-Emmanuels est un bon spot pour un apéritif en fin de journée, quand les rayons du soleil couchant habillent d'une lumière dorée les façades du port.

❼ Le petit Marais

La **rue Bonaparte**, où Napoléon vécut pendant 9 mois en 1794, au n°6, est la meilleure option pour une tournée des grands-ducs ; vous trouverez beaucoup d'autres options dans la rue Cassini, la rue Lascaris, la rue François-Guisol et la rue Bavastro. Concentrant un nombre impressionnant de bars branchés, de restaurants tendance et de boutiques insolites, ce coin est affectueusement surnommé Le Petit Marais en référence au célèbre quartier du Marais à Paris.

A
B
C
D
1
2
3
4
5
6
0
200 m
Nos adresses
Les incontournables p. 90
Voir p. 95
Activités p. 96
Se restaurer p. 97
Prendre un verre p. 100
Sortir p. 103
Shopping p. 103
Av Galliéni
Pl Général de Gaulle
Bd Risso
Av de la République
Av St-Jean Baptiste
R Barla
MAMAC
22
Place Garibaldi
1
23
7
4
Crypte archéologique
20
19
R Cassini
11
R Bonaparte
R François Guisol
9
24
6
PETIT MARAIS
R Arson
Bl Riquier
15
12
16
14
10
R Lascaris
Mont Boron (4 km)
17
R Sincaire
R Neuve
R Catherine Ségurane
R Fodéré
25
26
Port Lympia
Bd Carnot
2
18
R St-Joseph
Montée du Château
Allée Professeur Benoît
Parc du Château
Montée de Montfort
Q Papacino
Port Lympia
Q des Deux Emmanuel
Bd Stalingrad
8
VIEUX-NICE
5
Q des Docks
13
Q Lunel
3
Galerie Lympia
Colline du Château
Bassin des Amiraux
Baie des Anges
Montée Lesage
21
Q Infernet
Q du Commerce
Q Rauba Capeu
MER MÉDITERRANNÉE
Bassin du Commerce

Voir

Place Garibaldi

PLACE

1 PLAN P. 94, B2

Baptisée en l'honneur du héros militaire et nationaliste italien Giuseppe Garibaldi, né à Nice, cette grande place était encore, lors de son aménagement à la fin du XVIIIe siècle, un terrain dédié aux parades militaires. Désormais, c'est un point de correspondance majeur pour les tramways et un haut lieu de la vie sociale, entouré de cafés, bars et restaurants. (1 Garibaldi, 2 Garibaldi/Le Château)

Port Lympia

ARCHITECTURE

2 PLAN P. 94, C3

Bâti au milieu du XVIIIe siècle dans une zone marécageuse alimentée par la source Lympia, le port de Nice, en forme de U, est bordé de très beaux immeubles aux façades rouges, jaunes et ocre, le long desquels il fait bon flâner. En son centre la **place de l'Île-de-Beauté** est dominée par l'**église Notre Dame du Port** (dite église de l'Immaculée Conception). Un lieu important pour les marins, qui se placent sous la protection de la Vierge, dont une statue couronne le porche de l'église, face à la mer. Sur l'eau, de nombreux navires de croisière appareillent à destination de la Corse et d'autres rivages méditerranéens. Ils cohabitent avec des embarcations plus typiques, les "pointus", des petits bateaux de pêche traditionnels, rayés d'azur et de blanc. (2 Port Lympia)

Place Garibaldi

Galerie Lympia

GALERIE

3 PLAN P. 94, D5

Cette galerie a été aménagée dans deux édifices réhabilités : l'ancien bagne et le pavillon de l'horloge. Elle a été inaugurée en 2017 par le département des Alpes-Maritimes après d'importants travaux et accueille régulièrement des expositions gratuites d'artistes niçois comme Patrick Moya, mais aussi des artistes internationaux. (04 89 04 53 10 ; galerielympia.departement06.fr ; 52 bd Stalingrad ; entrée libre ; mer 14h-18h, jeu 10h30-21h, ven-dim 10h30-18h ; 2 Port Lympia)

Crypte de Nice

HISTOIRE

4 PLAN P. 94, D4

En 2006, le chantier de construction du tramway a mis au jour d'importants vestiges des fortifications médiévales sous la place Garibaldi. Les passionnés d'archéologie pourront découvrir cette grande salle souterraine dans le cadre d'une visite guidée de 55 minutes, à réserver auprès du Centre du patrimoine. (04 92 00 41 90 ; pl. Jacques-Toja ; réservation sur centredupatrimoinevdn.tickeasy.com ; tarif plein/réduit 5/2,50 €, gratuit -18 ans et French Riviera Pass ; accès interdit -7 ans ; mer, sam et dim 14h, 15h et 16h ; 1 Garibaldi, 2 Garibaldi/Le Château)

Activités

Trans Côte d'Azur

BATEAU

5 PLAN P. 94, C5

Trans Côte d'Azur propose des croisières le long de la baie des Anges et de la rade de Villefranche (1 heure, adulte/enfant 18,50/14 €) d'avril à octobre. De fin mai à septembre, les bateaux se rendent aussi à l'île Sainte-Marguerite (1 heure, 41.50/32 €), Saint-Tropez (2 heures 30, 68/54 €), Monaco (45 minutes, 39,50/31 €) et Cannes (1 heure, 41.50/32 €). (04 92 00 42 30 ; www.trans-cote-azur.com ; quai Lunel ; avr-oct ; 2 Port Lympia)

Fenêtres sur l'histoire

Près du port, les façades des immeubles sont riches de signes évoquant l'histoire du quartier. Ici, beaucoup d'édifices, comme l'immeuble Hierro Desvilles au 4 rue Antoine-Gautier, ont conservé les larges portes et les minuscules fenêtres d'observation superposées utilisées au XIXe siècle, quand les livraisons arrivaient au port en calèche. D'autres possèdent de profonds sous-sols creusés dans la pierre calcaire d'origine, qui permettaient de stocker facilement de grosses quantités de marchandises.

MATTHIEU JOSEPH-AIMÉ ©

Restaurant Chez Pipo

Se restaurer

Chez Pipo

SOCCA NIÇOISE €

6 PLAN P. 94, C3

Beaucoup affirment que la meilleure socca est vendue dans la vieille ville, mais n'en croyez rien : le spécialiste de la socca, la spécialité niçoise à base de farine de pois chiches, c'est Chez Pipo, installé près du port Lympia depuis 1923. Également à déguster sur place ou à emporter : pissaladière, pizzas, tourtes aux blettes sucrées et glaces artisanales. (04 93 55 88 82 ; www.chezpipo.fr ; 13 rue Bavastro ; socca 2,90-5,80 € ; 11h30-14h30 et 17h30-22h mar-dim juil-sept, mer-dim oct-juin ; 2 Port Lympia)

Déli Bo

CAFÉ-BISTROT €

7 PLAN P. 94, B2

Prisé des hipsters, ce café-bistrot en plein cœur du Petit Marais niçois est une bonne adresse pour déjeuner d'un bagel, d'une salade ou d'autres en-cas, mais ce sont surtout les succulents gâteaux (le "Paris Nice" est à tomber) et le délicieux café qui assurent le succès de l'enseigne. Déco moderne, accueil souriant et fabuleux brunch le dimanche. À quelques rues de là, une deuxième adresse : la boutique, 11 rue Fodéré, dédiée exclusivement à la vente de ses fameuses pâtisseries. (04 93 56 33 04 ; www.delibo.fr ; 5 rue Bonaparte ; plats 7-16 €, pâtisseries 4,20-5,50 € ; lun-mer

Les Amoureux

et sam 7h-19h, jeu-ven 7h-22h, dim 10h-17h ; 1 Garibaldi)

Les Amoureux

PIZZA **€**

8 PLAN P. 94, D4

Les revues de presse et les locaux l'attestent : la meilleure pizza de Nice vous attend aux Amoureux, une petite pizzeria aux abords discrète, située derrière le port et tenue par un charmant couple de Napolitains, Ivan et Monica. Nous confirmons : les pizzas et calzone cuites au feu de bois et garnies d'ingrédients 100% italiens ou bio sont excellentes. Mais préparez-vous à attendre. On ne peut pas réserver ! (04 93 07 59 73 ; www.lesamoureux.com ; 46 bd Stalingrad ; pizzas 9,50-16,90 € ; mar-sam 19h-22h ; 2 Port Lympia)

Badaboom

VÉGAN **€€**

9 PLAN P. 94, C2

Végans et végétariens seront aux anges dans ce petit café spécialisé dans les jus frais pressés à froid, les céréales complètes, les produits bio locaux et les desserts crus. La carte propose aussi des salades, des wraps et de très bons plats du jour inspirés des quatre coins du monde : molé végétal mexicain, poke de légumes hawaïen, yassa végétal sénégalais, couscous aux légumes marocain… (04 93 31 38 53 ; www.badaboom.one ; 11 rue François-Guisol ; plat du jour 15,50 € ; lun-sam 10h-16h ; ; 2 Port Lympia)

Maison Gusto

MÉDITERRANÉEN **€€**

10 PLAN P. 94, C3

Dans ce bar pour véritables amateurs de mozzarella, les dégustations de burrata, *stracciatella*, *mozzarella di bufala*, charcuterie et salade pourront vous occuper toute la soirée. Si vous préférez un burger, des cèpes grillés, du risotto à la truffe ou une côtelette de veau au vin blanc, vous ne serez pas déçu non plus. (04 93 07 28 68 ; www.facebook.com/maison.gusto ; 12 rue Lascaris ; plats 14-29 € ; tlj 17h30-23h ; 2 Port Lympia)

Utopia

VÉGAN ITALIEN **€€**

11 PLAN P. 94, C2

Pasta alla carbonara au tofu fumé et crème de soja, faux-filet au soja et pommes de terre sautées, desserts maison et vins bio. Que vous soyez végan ou non, cette nouvelle adresse saura vous séduire, avec ses plats gourmands italiens 100% végétaux, son cadre soigné et son accueil chaleureux. Une belle découverte ! (07 53 30 11 45 ; www.facebook.com/Utopia-Restaurant végitalien-613813139082818 ; 35 rue Bonaparte ; plats 12-16,50 € ; tlj 11h30-15h et 19h-22h ; ; 1 Garibaldi, 2 Garibaldi/Le Château ou Port Lympia)

L'Uzine

MÉDITERRANÉEN **€€€**

12 PLAN P. 94, C3

Les affiches de pop art et la décoration savamment désordonnée donnent le ton dans ce petit établissement tendance du port Lympia, aussi prisé pour déguster les plats de bistrot que pour prendre un verre lors des concerts du week-end. Clientèle très branchée, comme de bien entendu. (04 93 56 42 39 ; www.luzine-restaurant.com ; 18 rue François-Guisol ; plats 16-34 €, menus déj 18-23 € ; lun-sam 12h-14h et 19h30-0h30 ; 2 Port Lympia)

Du coin perdu au rendez-vous branché

Quand on observe ce quartier, il est difficile d'imaginer qu'il s'agissait d'un marécage jusqu'au XVIIIe siècle. Contrairement à Marseille ou à Gênes, Nice ne fut jamais un port naturel pouvant accueillir un commerce à grande échelle. Ainsi, jusqu'à ce que le château soit détruit en 1706 par les armées du Roi Soleil et que Charles Emmanuel III ordonne la construction du port Lympia en 1749, Nice fut davantage un bastion militaire qu'une ville portuaire.

Trois siècles plus tard, la situation a changé du tout au tout. Le port est bondé de passagers en partance pour la Corse, Cannes et Monaco, tandis que les rues autour de la place Garibaldi sont devenues le secteur le plus tendance de Nice.

Échappée bucolique au mont Boron

Au sud-est de la ville, le mont Boron offre une formidable perspective tant sur la baie de Nice que sur la rade de Villefranche-sur-Mer. On peut facilement s'y rendre depuis le centre en montant dans le bus n°30 ou 33 (arrêts Promenade des Arts ou Bavastro dans le quartier du Port). Vous pourrez y profiter de 50 ha de nature avec des sentiers balisés et des aires de pique-nique, ou admirer le **fort du mont Alban** (visite guidée de juillet à septembre ; tarif plein/réduit 5/2,50 € ; billets à réserver auprès du Centre du Patrimoine sur centredupatrimoinevdn.tickeasy.com) construit au XVIe siècle pour surveiller la côte. Le quartier résidentiel cache quelques folies architecturales, comme la façade rose du fameux **château de l'Anglais** (176 bd Carnot), construit en 1856 par un ancien colonel de l'armée des Indes. Au pied du mont Boron, la **grotte du Lazaret** (04 89 04 36 00 ; 33 bis bd Franck-Pilatte ; gratuit ; mer-dim 10-18h juin-sept, 10h-17h oct-mai ; 15, 30 Château de l'Anglais ou 38 Villa La Côte) offre un aperçu du paléolithique inférieur.

Le Bistrot du Port

MER ET GIBIER **€€€**

13 PLAN P. 94, C5

Pour José Orsini, la restauration est une histoire de famille. Entre produits de la mer et gibier, tout est fin, frais et on se régale ! Bouillabaisse et langouste sur commande. Terrasse donnant sur le port, service un peu long en saison. (04 93 55 21 70 ; 28 quai Lunel ; plats 26-40 €, menu midi/soir 17/43 € ; jeu-lun 12h15-13h45 et 19h45-21h45 ; 2 Port Lympia)

Jan

GASTRONOMIE **€€€€**

14 PLAN P. 94, C3

Pour une expérience gastronomique inoubliable, faites un pèlerinage dans ce restaurant étoilé au Michelin et piloté par le chef sud-africain Jan Hendrik van der Westhuizen. Les plats mêlant saveurs françaises et sud-africaines témoignent d'une grande inspiration culinaire et artistique. Pas de carte : Jan établit ses menus au jour le jour. Un lieu raffiné (tenue élégante de rigueur) et très couru. Réservation obligatoire. (04 97 19 32 23 ; www.janonline.com/restaurant-jan ; 12 rue Lascaris ; menus 4/7 plats 85/139 €, avec vins 130/194 € ; mar-sam 18h-22h ; 2 Port Lympia)

Prendre un verre

BDA Bar

BAR À BIÈRES

15 PLAN P. 94, B3

Fan de bières artisanales ? Cette nouvelle adresse est à découvrir sans plus attendre ! Fruit d'une collab entre trois amis niçois, la Brasserie D'Aqui vient d'ouvrir son premier bar à bières artisanales. Découvrez la Bellanda, légère, florale et agrumée, l'aromatique IPA à Basta aux notes de miel et de caramel, ou la Baeita aux notes d'orange et de noix de coco – toutes brassées à Peille, dans l'arrière-pays niçois. D'autres bières artisanales françaises et européennes sont aussi au menu, ainsi que des plateaux de charcuteries et de fromages, des burgers maison et des desserts gourmands. (06 51 63 36 12 ; bda-bar-nice.business.site ; 13 rue Cassini ; tlj 12h-minuit ; 1 Garibaldi, 2 Garibaldi/Le Château ou Port Lympia)

Rosalina Bar

BAR

16 PLAN P. 94, C3

Bien avant que le secteur ne devienne à la mode, Rosalina Bar était le fer de lance des nuits du quartier. Une décennie plus tard, le lieu reste accueillant et convivial pour prendre un verre ou dîner, que vous ayez envie d'un verre de vin accompagné d'une planche à partager sur la terrasse, ou d'un cocktail dans la salle à la décoration fantaisiste. (04 93 89 34 96 ; www.facebook.com/bar.rosalina ; 16 rue Lascaris ; lun-sam 18h30-0h30 ; 1 Garibaldi, 2 Garibaldi/Le Château ou Port Lympia)

Rosé!

BAR À VINS

17 PLAN P. 94, C3

Dans ce bar à vins où la déco invite à se détendre (chaises en rotin, plafond en paille, lumière tamisée), le concept est simple et l'effet réussi. Le vaste choix de vins se concentre sur les rosés

Rue Bonaparte

CORALIE MODSCHIEDLER ©

de grande qualité produits dans le sud de la France (il y a également des blancs et des rouges). Les amis se retrouvent après le travail pour prendre l'apéro et grignoter des en-cas comme les *barbajuans* (raviolis frits farcis de blettes et de fromage). (04 93 07 68 40 ; www.bar-rose.com ; 22 rue François-Guisol ; mar-ven 12h-14h et 18h-0h30, sam 18h-0h30 ; 2 Port Lympia)

Foam

BAR À BIÈRES

18 PLAN P. 94, D4

Un nouveau bar à bières situé face au pittoresque port de Nice et à la colline du Château, au concept innovant et propice à la dégustation en toute convivialité. Le choix de bières artisanales et bio est vaste : locales ou internationales, en bouteille ou à la pression. Vous paierez au centilitre grâce à un système de carte à créditer. Du cidre ainsi que des assiettes à partager sont aussi au menu. (04 93 89 53 92 ; www.foamnice.com ; 3 quai des Deux-Emmanuels ; tlj 11h30-minuit ; 2 Port Lympia)

Comptoir Central Électrique

BAR

19 PLAN P. 94, B2

Cette ancienne fabrique de luminaires (remarquez la collection d'ampoules) est devenue un bar particulièrement dans le vent, avec canapés moelleux, décoration de style industriel-chic et grand choix de bières et de vins servis au verre. Les en-cas à partager sont mentionnés sur un tableau noir. (09 60 46 30 72 ; cce-nice.com ; 10 rue Bonaparte ; lun-sam 9h-0h30, dim 16h30-0h30 ; 1 Garibaldi, 2 Garibaldi/Le Château)

Le Café des Chineurs

BAR

20 PLAN P. 94, B2

Une clientèle jeune et *arty* gravite autour de ce bar à l'emplacement stratégique, à l'angle de la place Garibaldi et de la rue Bonaparte – l'épicentre de la vie nocturne du Petit Marais. L'ambiance se réchauffe à l'heure de l'apéritif et reste effervescente jusqu'à minuit, grâce aux tapas (principalement des en-cas frits, du fromage et de la charcuterie) et au large choix de cocktails. (04 93 89 09 62 ; 1 rue Cassini ; lun-sam 11h-minuit ; 1 Garibaldi, 2 Garibaldi/Le Château)

La Shounga

BAR À COCKTAILS

21 PLAN P. 94, B5

Dès que les beaux jours arrivent, on s'installe sur la terrasse animée et ensoleillée de ce bar à mojitos situé face à la mer, sur le port Lympia, pour y déguster tapas, glaces et cocktails servis toute la journée. L'ambiance est conviviale et les prix des cocktails sont imbattables : à partir de 5 € seulement ! (04 92 27 75 93 ; shounga.bar ; 12 pl. Guynemer ; tlj 8h-0h30 avr-oct ; 2 Port Lympia)

Sortir

L'Octave

CONCERTS

22 PLAN P. 94, A2

Ce nouvel espace sur trois étages rassemble un bar musical (cocktails, tapas et une centaine d'instruments de musique à disposition des clients), un lounge et un *rooftop* avec vue sur le MAMAC juste en face. Concerts, jam sessions, happy hour de 17h à 20h et brunch en musique le dimanche. (04 93 01 27 25 ; www.loctave-nice.fr ; 64 bd Risso ; mar-sam 17h-0h30, dim 11h30-17h ; 1 Garibaldi, 2 Garibaldi/Le Château)

Cinéma Mercury

CINÉMA

23 PLAN P. 94, B2

Ce cinéma de quartier programme films récents et/ou indépendants. (04 93 55 37 81 ; mercury.departement06.fr ; 16 pl. Garibaldi ; 1 Garibaldi, 2 Garibaldi/Le Château)

Shopping

Au Bonheur des Cocottes

VINTAGE

24 PLAN P. 94, C2

Vêtements vintage, bijoux, accessoires et bibelots anciens ne sont qu'une facette de cette adorable boutique nichée parmi les bars et les restaurants de la rue Lascaris. Vous trouverez généralement les dynamiques propriétaires occupés à peindre, coudre, broder, réparer ou sublimer leurs dernières trouvailles. Envie de les imiter ? La maison organise également divers ateliers artistiques. (09 53 74 79 15 ; www.facebook.com/Au-Bonheur-des-Cocottes-Nice-794846203937906 ; 19 rue Lascaris ; lun 14h-19h, mar-sam 10h30-19h ; 1 Garibaldi, 2 Garibaldi/Le Château ou Port Lympia)

Village Ségurane

ANTIQUITÉS

25 PLAN P. 94, B3

Passage obligé pour les amateurs d'antiquités, le Village Ségurane et les rues alentour rassemblent des dizaines de vendeurs d'objets anciens et modernes en un seul endroit, au cœur du quartier du port. (rue Antoine-Gautier, rue Catherine-Ségurane, rue Emmanuel-Philibert ; tlj horaires divers selon les commerces ; 1 Garibaldi, 2 Port-Lympia)

Rodolphe Delcroix

INSTRUMENTS DE MUSIQUE

26 PLAN P. 94, C3

En plein quartier des antiquaires, cette jolie boutique est spécialisée dans les instruments de musique anciens, de tous styles, des trompes de chasse aux mandolines napolitaines. (04 92 04 96 33 ; www.musicantic.eu ; 15 rue Emmanuel-Philibert ; mar-sam 10h-12h30 et 15h-19h ; 2 Port Lympia)

Explorer
Monaco

Blottie entre le cap d'Ail et le cap Martin, la principauté de Monaco est une toute petite enclave du littoral azuréen. Avec ses 200 ha, ce fief de la jet-set internationale est le deuxième État le plus petit du monde. Immenses tours d'hôtels, luxueux yachts et immeubles d'habitation se serrent comme des dominos sur les versants escarpés des collines : la principauté continue d'attirer comme un aimant les amateurs de jeux d'argent, de luxe et de courses de voitures.

Consacrez la matinée à la visite du casino de Monte-Carlo (p. 106), puis descendez au marché de La Condamine (p. 129) pour un déjeuner à prix raisonnable. Ensuite, gagnez le Rocher, où vous découvrirez le palais princier (p. 118), la cathédrale (p. 119) et le musée océanographique (p. 110). Puis, offrez-vous une glace chez Pierre Geronimi (p. 122) et un dîner au Beefbar (p. 124). Terminez en beauté avec une soirée au casino.

Comment y aller

La plupart des rues de Monaco sont parallèles au front de mer et reliées par un réseau d'escaliers, escalators et ascenseurs publics réservés aux piétons, qui évitent la fatigue des pentes raides.

Liaisons toutes les 20 minutes pour Nice (4,10 €, 25 minutes).

Le bus 100 de Lignes d'Azur (www.lignesdazur.com) se rend à Nice (1,50 €, 45 minutes) toutes les 15 minutes.

CAM (www.cam.mc) gère 6 lignes locales, desservant tout lieu de Monaco en moins de 15 minutes (1,50 €, pass 24h 5,50 €, carte 12 voyages 11 €).

Plan du quartier p. 116

Le Rocher OSTILL/GETTY IMAGES ©

Les incontournables

Casino de Monte-Carlo

Emblème de Monaco et véritable incarnation du glamour de la Côte d'Azur, ce bijou Belle Époque relança la fortune de la famille Grimaldi du jour au lendemain lors de son ouverture en 1865 et continue d'exercer sa magie sur tous ceux qui s'en approchent. Que vous soyez un joueur chevronné, un fan de James Bond ou un simple visiteur curieux, le casino de Monte-Carlo vous laissera un souvenir indélébile.

PLAN P. 116, F3

00 377 98 06 21 21 ; www.montecarlosbm.com/fr/casino-monaco ; pl. du Casino

Visite avec audioguide adulte/13-18 ans/6-12 ans 17/12/8 € mai-sept, 17/8/6 € oct-avr ; entrée salons de jeux 17 €

tlj visites 10h-13h, jeux 14h-6h

Atrium du casino

Le grand atrium du casino possède un sol en marbre et 28 colonnes ioniques, qui soutiennent une galerie coiffée d'un plafond en verre gravé parisien. C'est ici qu'était installé le casino d'origine de Monte-Carlo, dans lequel les joueurs profitaient d'un orchestre de 15 musiciens. Désormais, il s'agit d'un "simple" hall d'entrée, la première salle que vous traverserez avant d'atteindre le véritable casino. Sortez par la gauche pour gagner le **salon Renaissance** et sa collection de machines à sous, anciennes et modernes.

Salle Europe

La salle Europe est la partie la plus ancienne du casino et la principale salle de jeux. On continue d'y jouer au "trente et quarante" et à la roulette française, comme on le faisait en 1865. D'énormes lustres en cristal de Bohême, pesant chacun 150 kg, sont suspendus à un superbe plafond circulaire soutenu par des colonnes en onyx bardées de bronze. Les œils-de-bœuf tout autour de la salle servaient jadis de points d'observation pour garantir la sécurité.

Salon Rose

Le salon Rose ouvrit en 1903 pour servir de fumoir. Aujourd'hui, il s'agit d'un **restaurant** ouvert à tous, et seules *Les Fumeuses*, les voluptueuses femmes peintes au plafond par l'artiste italien Massimiliano Gallelli, se permettent de griller de petits cigares. Leurs regards vous suivront où que vous alliez dans la salle. Une enfilade de grandes baies vitrées offre une vue inouïe sur les palmiers et la Méditerranée, juste à l'extérieur.

Salle Blanche

Ce superbe salon est doté d'un élégant bar incrusté de mosaïques, avec à l'arrière un

★ À savoir

- Après 14h, quand débutent les jeux d'argent, l'entrée est interdite aux moins de 18 ans. Une pièce d'identité est obligatoire.
- Les baskets sont interdites. La veste est recommandée pour les hommes dans les salles de jeux et elle est obligatoire à partir de 19h dans les salons privés.
- Dans la salle principale (salle Europe), la mise minimale est de 5/10/20/25/40 € pour roulette/poker/trente et quarante/black jack/*punto banco*.

Une petite faim ?

Pour une expérience culinaire raffinée, régalez-vous de mets italiens au Train Bleu (p. 123), réplique d'un wagon-restaurant de la Belle Époque, dans le casino.

Budget plus serré ? Installez-vous en terrasse et laissez-vous séduire par les saveurs napolitaines d'Il Terrazzino (p. 123), à quelques minutes du casino.

long mur de fenêtres ouvrant sur une terrasse de jeu avec une vue imprenable sur la Méditerranée. Les cariatides du plafond furent inspirées par des courtisanes en vogue comme la belle Otero, qui plaça sa première mise ici à l'âge de 18 ans. Sur le mur du fond, une peinture représente la belle Otero et ses amies Cléo de Mérode et Liane de Pougy sous les traits des Trois Grâces. Il s'agit d'un des salons privés (voir l'encadré ci-contre), avec des tables pour le black jack, le poker *Texas hold'em*, la roulette et le *punto banco* (baccarat).

Salles Touzet

Baptisées en l'honneur de l'architecte Jules Touzet et inaugurées en 1890, ces vastes salles cloisonnées, de 21 m sur 24, sont deux des salons privés du casino. Elles sont décorées de somptueux panneaux en chêne, acajou et jaspe oriental, de grandes peintures, de bronzes de Marseille, de mosaïques italiennes, de sculptures et d'un plafond en vitrail haut de 12 m. Les tables de jeu sont consacrées au black jack et au poker *Texas hold'em*.

Salle Médecin

Également appelée salle Empire en raison de son extravagante décoration de style Empire, cette salle fut conçue par l'architecte monégasque François Médecin pour accueillir les plus éminents joueurs. Elle demeure l'un des salons privés les plus élitistes du casino, avec une partie "super privée" à l'abri des regards indiscrets. Lieu de tournage

Salle Garnier (Opéra de Monte-Carlo)

Salons ordinaires, salons privés et salons super privés

Le casino de Monte-Carlo est divisé en salons ordinaires, salons privés et salons super privés (domaine réservé des grands joueurs).

Tout le monde (enfants compris) peut pénétrer dans les salons ordinaires et les salons privés lors des visites avec audioguide, le matin, avant le début des jeux d'argent ; une tenue décontractée ne pose alors aucun problème. Après 14h, tout adulte convenablement vêtu peut aller jouer dans les salons ordinaires, notamment dans la salle Europe (tables de jeu) et dans les salles Renaissance et Amériques (machines à sous uniquement).

L'accès aux salons privés est restreint ; en 2018, le casino a annoncé une nouvelle politique limitant l'accès aux salons privés aux membres Gold et Platinum du club des "joueurs assidus". Quant aux salons super privés, ils demeurent accessibles uniquement aux joueurs de très gros calibre.

prisé, elle apparaît dans les films *Jamais plus jamais* et *Golden Eye* : on peut y voir James Bond en personne traverser la salle à grands pas. La véranda attenante offre une vue mirifique sur la baie de Roquebrune-Cap-Martin.

Salle Garnier

L'Opéra de Monaco est situé dans la salle Garnier, qui jouxte le casino tout en disposant d'une entrée indépendante. Opéras, ballets et concerts de musique classique y sont donnés tout au long de l'année. Elle a été construite par Charles Garnier, qui a également donné son nom à l'Opéra de Paris. Il fallut 8 mois pour construire les statues de l'Opéra, mais 2 ans pour les rénover (2004-2006), en utilisant les moules d'origine conservés par le petit-fils du créateur. Des chauffages-climatiseurs individuels sont installés sous chacun des 525 sièges. La salle Garnier n'est pas comprise dans la visite du casino.

Les incontournables

Musée océanographique de Monaco

Si vous ne devez faire qu'une seule visite à Monaco, ce sera celle-là ! Le superbe bâtiment, emblématique du Rocher, domine la mer à 85 m en contrebas. Le musée fut fondé par le prince Albert Ier (1848-1922), grand explorateur et amoureux du monde marin. Le commandant Cousteau en a été le directeur pendant une trentaine d'années, entre 1957 et 1988.

PLAN P. 116, E5

00 377 93 15 36 00 ; musee.oceano.org ; av. Saint-Martin

tarif adulte/4-17 ans 16/10 € ; gratuit -4 ans

tlj 9h30-20h juil-août, 10h-19h avr-juin et sept, 10h-18h oct-mar

Aquarium

La pièce maîtresse du musée est son aquarium, l'un des plus anciens d'Europe, avec un lagon de 6 m de profondeur dans lequel les prédateurs marins sont séparés des poissons tropicaux multicolores par un récif de corail. Les enfants sont émerveillés par le bassin principal, sur deux niveaux et aux cloisons verticales : les murs vitrés permettent d'observer d'impressionnants requins d'un côté et de minuscules créatures comme le nason à éperons bleus et le gaterin moucheté de l'autre. Les 90 bassins abritent près de 450 espèces méditerranéennes et tropicales. Les installations nécessitent 250 000 litres d'eau de mer, renouvelés chaque jour.

Histoire océanographique

À l'étage, deux gigantesques salles à colonnades retracent l'histoire de l'océanographie et de la biologie marine à travers des photographies, des spécimens, du matériel de plongée ancien et des expositions interactives, avec une mise en avant du travail précurseur d'Albert Ier et de ses découvertes sur le terrain. Ensuite, gagnez le toit-terrasse et le café pour profiter de la vue imprenable sur Monaco et la mer.

Rencontres avec les créatures marines

Durant les vacances scolaires, des séances de nourrissage des poissons sont organisées dans le **bassin tactile** adapté aux enfants, où les visiteurs peuvent toucher les étoiles de mer, les oursins et les bébés requins. Toutes les heures, des spectacles de lumière sont donnés dans la **salle de la Baleine**, avec un squelette de baleine de 18 m de long suspendu dans les airs. Inauguré en 2019, un nouveau bassin extérieur de réhabilitation pour les tortues en difficulté permet aux visiteurs d'observer les soins apportés par les biologistes du musée à des tortues blessées.

★ À savoir

- Le toit-terrasse et le café offrent une vue inouïe sur la principauté et la Méditerranée.
- Économisez en achetant un billet jumelé pour visiter le même jour le Jardin exotique, le palais princier ou la collection de voitures anciennes (p. 116-117) et le musée océanographique ; en vente à l'entrée des sites participants.

Une petite faim ?

Commandez un café, un thé ou un chocolat chaud à la Chocolaterie de Monaco (p. 125).

Marchez 5 minutes jusqu'à U Cavagnetu, rue Comte-Félix-Gastaldi, pour un plat du jour monégasque à prix raisonnable.

Promenade à pied

Du casino de Monte-Carlo à Monaco-Ville

Les sites les plus célèbres de Monaco dessinent un arc gracieux autour du port de La Condamine. Cette balade d'une heure vous mènera de la splendeur Belle Époque du casino de Monte-Carlo au cœur de la ville médiévale, accrochée à la falaise, avec en route de fabuleux points de vue entre mer et jardins.

Itinéraire

Départ Casino de Monte-Carlo

Arrivée Musée océanographique

Distance et durée 2 km ; 1 heure

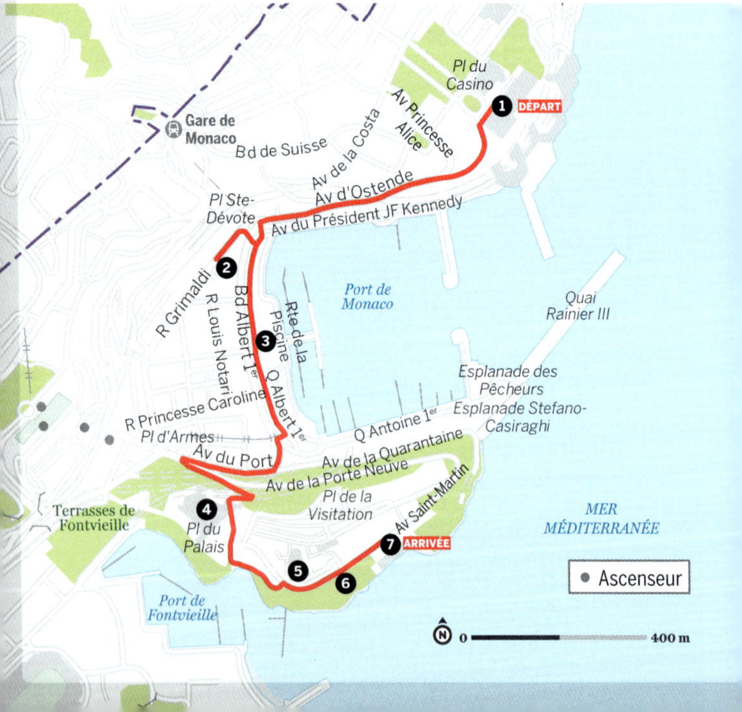

❶ Du casino au port

Partez du légendaire **casino** de Monte-Carlo (p. 106) et marchez en direction de la ville médiévale de Monaco, haut perchée sur le Rocher, véritable colline surgissant de l'eau. En descendant les virages jusqu'au port de La Condamine, vous suivrez le tracé du fameux Grand Prix de Formule 1.

❷ Souvenirs de Grand Prix

Si l'évocation du Grand Prix fait briller vos yeux, traversez le boulevard Albert-Ier en arrivant sur le front de mer pour gagner **La Boutique** (p. 129). Le point de vente officiel du club automobile de Monaco propose toutes sortes de souvenirs, des petites voitures aux blousons de course.

❸ Natation et patinage

De retour sur le front de mer, découvrez le **stade nautique Rainier III** (p. 120), toujours fréquenté, avec une piscine olympique en été et une patinoire en hiver.

❹ Relève de la garde

Tout au bout du port, suivez les panneaux indiquant le palais princier et gravissez les zigzags de la rampe Majeure jusqu'au Rocher. Essayez d'atteindre la place du Palais, face au **palais princier** (p. 118), à temps pour assister à la relève de la garde, à 11h55. Les carabiniers n'ont pas vraiment eu à défendre la principauté ces dernières années, mais ce spectacle quotidien, au son des tambours, est un moment amusant.

❺ Hommage à la princesse

Suivez le chemin balisé au sommet de la falaise jusqu'à la **cathédrale de Monaco** (p. 119), où vous pourrez rendre hommage à Grace Kelly, la star de cinéma devenue princesse qui mourut tragiquement dans un accident de voiture en 1982. Dans l'abside de la cathédrale, sa tombe est souvent couverte de fleurs déposées par des kyrielles d'admirateurs.

❻ Jardins accrochés aux falaises

Contemplez la vue époustouflante sur le port de Fontvieille depuis les **jardins Saint Martin** (p. 119), sublime composition de verdure, statues et fontaines. De là-haut, on perçoit facilement la double stratégie de développement de Monaco : construire vers le haut (gratte-ciel) et sur la mer (remblai). Cette dernière technique a permis à la principauté d'étendre son territoire de 25%.

❼ Musée océanographique

Tout au bout du parc, l'extraordinaire **musée océanographique de Monaco** (p. 110) surgit directement de la paroi de la falaise et surplombe la Méditerranée. Après un déjeuner sur le Rocher, passez l'après-midi à admirer le superbe aquarium et la collection d'objets maritimes.

Promenade à pied

Les paradis cachés de Monaco

Les 9 500 Monégasques de Monaco sont désormais noyés parmi les 38 100 résidents venus de 139 pays, les 45 500 travailleurs français et italiens et le flot incessant de touristes étrangers. Pourtant, même face à cet afflux extérieur, les habitants de la principauté ont toujours quelques trésors bien à eux.

Itinéraire

Départ Parc Princesse-Antoinette

Arrivée Crique Ciappaira

Distance et durée
2 km ; 1 heure

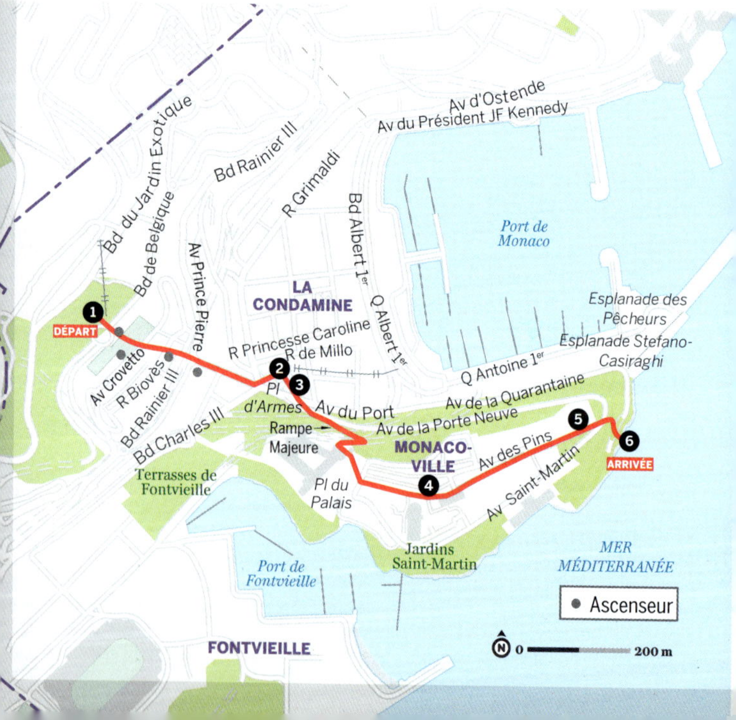

❶ Parc Princesse-Antoinette

Malgré la bétonisation, les Monégasques sont des amoureux de la nature. Les espaces verts protégés représentent encore 25% de la principauté, avec notamment ce **parc** (⌚tlj 8h30-18h) dissimulé sur le versant de la colline, en contrebas du Jardin exotique. Les écoliers viennent y chercher les œufs chaque année pour Pâques. L'école attenante élève des poules et entretient un potager au milieu des oliviers centenaires.

❷ Marché de La Condamine

Ce **marché** (p. 129) de produits frais investit la place d'Armes tous les matins, toute l'année. Les familles y font leurs courses tandis que les petits batifolent dans l'aire de jeux voisine. Grâce au climat de la Côte d'Azur, on y trouve des citrons et des oranges en plein hiver. Depuis le parc Princesse-Antoinette, descendez jusqu'à la place d'Armes en passant par une série d'escaliers et d'ascenseurs et en suivant les panneaux indiquant les avenues Crovetto-Frères et Prince-Pierre.

❸ Chez Roger

Les chalands s'accordent généralement une pause matinale à ce **stand** (☎00 377 93 50 80 20 ; marché de La Condamine, 15 place d'Armes ; socca 3 € ; ⌚tlj 10h-15h) très couru, dans l'espace de restauration couvert, juste en retrait de la place d'Armes. La spécialité est la socca, une galette à base de farine de pois chiches typique de la Côte d'Azur.

❹ Chapelle de la Miséricorde

Le catholicisme est la religion d'État à Monaco. Si les visiteurs se rendent en nombre à la cathédrale de Monaco (XIXe siècle) pour voir la tombe de la princesse Grace, cette **chapelle** (place de la Mairie), plus ancienne et plus petite, est très fréquentée par les Monégasques, qui viennent assister à la messe en latin, tous les dimanches à 18h, et admirer les peintures du XVIIe siècle.

❺ Club bouliste du Rocher

La pétanque est une affaire sérieuse à Monaco. Signalé par une simple croix rouge, ce **club** (www.centreformation-cbr.com ; av. des Pins) a été sacré champion de France en 2018 en National 2, puis a participé à la demi-finale du même championnat en 2020. En regardant à travers le portail, vous verrez les membres du club en train de déjeuner à la cantine à l'arrière, puis s'entraîner sur le boulodrome dans l'après-midi.

❻ Crique Ciappaira

Dissimulée au pied de la falaise du côté sud du Rocher, cette **plage de galets** (plage des Pêcheurs) est surtout connue des Monégasques. Un vieil escalier en pierre descend abruptement jusqu'à l'eau ; il y a juste la place pour une serviette. Quand le soleil brille, des habitants se baignent même en plein hiver. En cas de mauvais temps, le site est inaccessible.

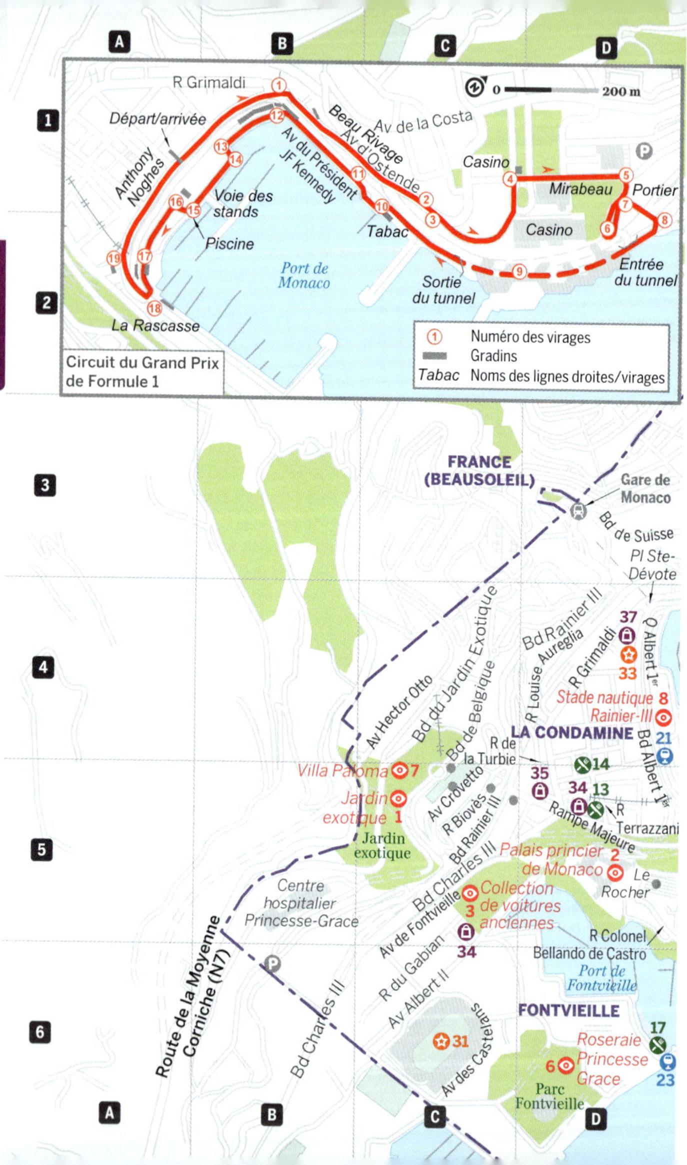
Circuit du Grand Prix de Formule 1
R Grimaldi
Départ/arrivée
Anthony Noghes
Beau Rivage
Av de la Costa
Av d'Ostende
Av du Président JF Kennedy
Voie des stands
Piscine
Casino
Mirabeau
Portier
Casino
Tabac
Port de Monaco
Sortie du tunnel
Entrée du tunnel
La Rascasse
0 200 m
Numéro des virages
Gradins
Tabac Noms des lignes droites/virages
FRANCE (BEAUSOLEIL)
Gare de Monaco
Bd de Suisse
Pl Ste-Dévote
Bd Rainier III
R Louise Aureglia
R Grimaldi
Q Albert 1er
37
33
Stade nautique 8
Rainier-III
LA CONDAMINE
21
Bd Albert 1er
Av Hector Otto
Bd du Jardin Exotique
Bd de Belgique
R de la Turbie
35
14
34 13
R Terrazzani
Rampe Majeure
Villa Paloma 7
Jardin exotique 1
Jardin exotique
Av Crovetto
R Biovès
Bd Rainier III
Bd Charles III
Palais princier de Monaco 2
Le Rocher
Collection de voitures anciennes 3
Centre hospitalier Princesse-Grace
Av de Fontvieille
34
R Colonel Bellando de Castro
Port de Fontvieille
R du Gabian
Av Albert II
FONTVIEILLE
Route de la Moyenne Corniche (N7)
Bd Charles III
Av des Castelans
31
17
Roseraie Princesse Grace 6
23
Parc Fontvieille
A
B
C
D
1
2
3
4
5
6

E
F
G
H
1
2
3
4
5
6
Bd Guynemer
24
Pl des Moulins
12
Bd du Larvotto
LARVOTTO
Bd du Général Leclerc
Bd des Moulins
Av Princesse Grace
9
Plage du Larvotto
Av de Grande Bretagne
7
Villa Sauber
Av de la République
26
29
15
R du Portier
10 Jardin japonais
Av des Citronniers
39
Centre commercial Le Métropole
16
Allées des Boulingrins
Bd Princesse Charlotte
Av des Spélugues
25
Av Princesse Grace
38
Jardins des Boulingrins
MONTE-CARLO
Casino de Monte-Carlo
30
27
Av de la Costa
Av de Monte Carlo
32
Av d'Ostende
18
Av du Président JF Kennedy
Port de Monaco
Quai Rainier III
MER MÉDITERRANÉE
Esplanade des Pêcheurs
Esplanade Stefano-Casiraghi
22
Q Antoine 1er
Av de la Quarantaine
28
Av de la Porte Neuve
20
Av des Pins
Av Saint-Martin
11
Musée océanographique de Monaco
MONACO-VILLE
Cathédrale de Monaco
4
Jardins Saint-Martin
5
Ascenseur
0
500 m
Nos adresses
Les incontournables p. 106
Voir p. 118
Se restaurer p. 121
Prendre un verre p. 125
Sortir p. 127
Shopping p. 129

Stade nautique Rainier III

Roseraie Princesse Grace

JARDINS

6 PLAN P. 116, D6

Cette exubérante collection de plus de 4 000 rosiers (rénovée en 2014) et le parc Fontvieille attenant contrastent complètement avec l'environnement aride des hauteurs de Fontvieille. Au printemps, les rosiers grimpent sur les tonnelles et enlacent les troncs et les branches des oliviers en une véritable explosion de couleurs. (roseraie.mc ; av. des Guelfes ; entrée libre ; P)

Nouveau musée national de Monaco

ART CONTEMPORAIN

7 PLAN P. 116, C5

Un musée dispersé dans deux écrins monégasques qui valent à eux seuls la visite : la Villa Sauber, à l'est de la ville, une des dernières villas Belle Époque de Monaco, et la Villa Paloma, située à proximité du Jardin exotique. Ces deux villas accueillent plusieurs expositions d'art contemporain par an, de manière simultanée ou dans un seul des deux lieux. (00 377 98 98 48 60, 00 377 98 98 91 26 ; www.nmnm.mc ; Villa Paloma, 56 bd du Jardin-Exotique ; Villa Sauber, 17 av. Princesse-Grace ; tarif NMNM Villa Paloma + Villa Sauber 6 €, entrée libre dim ; tlj 10h-18h)

Stade nautique Rainier III

NATATION, PATINAGE

8 PLAN P. 116, D4

En plein air au cœur du quartier du port de Monaco, cette piscine olympique d'eau de mer chauffée à 27°C est équipée de plongeoirs et d'un toboggan aquatique de 45 m. En hiver, elle se transforme en patinoire. (☎ 00 377 93 30 64 83 ; www.mairie.mc ; quai Albert-Ier ; 2,70-6,20 €, forfait journée avec transat et parasol 16 € ; ⏱ lun 7h-18h, mar-ven 7h-20h et sam-dim 9h-20h juin-juil, lun 9h-18h et mar-dim 9h-20h août, tlj 9h-18h mai et sept-oct)

Plage du Larvotto

BAIGNADE

9 PLAN P. 116, G1

À l'extrémité est de Monaco, ce croissant de sable est très fréquenté en été. Ponctué de transats, de parasols et de filets de volley-ball, il est ourlé d'une promenade en planches plantée de palmiers.

Jardin japonais

JARDINS

10 PLAN P. 116, F2

Lové entre Monte-Carlo, Larvotto et la Méditerranée, le Jardin japonais est un petit coin de paradis. Béni par un haut prêtre shinto, ce lieu paisible a été conçu pour encourager la contemplation et la méditation. (av. Princesse-Grace ; entrée libre ; ⏱ tlj 9h-18h45 avr-oct, 9h-17h45 nov-mar)

Se restaurer

La Montgolfière

FUSION **€€€**

11 PLAN P. 116, E5

Après avoir œuvré dans certains des meilleurs restaurants de la Côte d'Azur, le chef monégasque Henri Geraci a fondé son propre établissement dans une ruelle ombragée, proche du palais. Au menu, des classiques de la

Balade paisible sur le front de mer

Si vous avez envie de tranquillité, oubliez la montée de la rampe Majeure jusqu'au Rocher, au milieu de la foule, et optez pour une balade panoramique le long de la **digue de Monaco**, la plus longue jetée flottante du monde (28 m de large pour 352 m de long). Gravissez les marches au bout du quai Antoine-Ier et prenez à gauche jusqu'au point de vue à l'extrémité de la digue, à côté du terminal des bateaux de croisière, pour un fabuleux panorama sur Monte-Carlo.

Regagnez l'esplanade Stefano-Casiraghi et son solarium contemporain pour une rapide séance de bronzette ; des échelles permettent de se mettre à l'eau. Ensuite, longez le chemin côtier et montez jusqu'au Rocher en profitant de l'ombre des jardins Saint-Martin. Repérez un escalier en pierre descendant jusqu'à une plage de galets secrète, connue uniquement des Monégasques.

Manger à petits prix à Monaco

Pour un savoureux repas d'un excellent rapport qualité/prix autour de tables communes, rendez-vous dans le fabuleux espace de restauration de Monaco, le **marché de La Condamine et sa halle gourmande** (plan p. 116, D5 ; pl. d'Armes ; marché tlj 7h-15h30, halle gourmande mar-sam 18h-23h), nichés sous les arcades derrière le marché en plein air de la place d'Armes. Parmi les plats à petits prix figurent les pâtes fraîches de la Maison des Pâtes, la socca niçoise traditionnelle de Chez Roger, la pizza et les produits de la mer du Comptoir et les spécialités aux truffes du Truffle Bistrot. Également un traiteur, un café, un fromager, etc.

gastronomie française rehaussés de touches asiatiques. Peu de tables mais une forte demande : il faut réserver bien à l'avance. (00 377 97 98 61 59 ; www.lamontgolfiere.mc ; 16 rue Basse ; plats midi 14-28 €, menu soir 3/4 plats 49/56 € ; lun-mar et jeu-sam 12h-14h et 19h30-21h30)

Pierre Geronimi

GLACES **€**

12 PLAN P. 116, G1

Aux dires de nombreux monégasques, ce maître glacier corse concocte les meilleurs glaces et sorbets du Rocher. Jugez-en par vous-même en choisissant parmi un grand nombre de saveurs originales : agrumes de Corse, olive noire, rose du Liban... Également, de délicieux gâteaux glacés et des pâtisseries. (00 377 97 98 69 11 ; glacespierregeronimi.com ; 36 bd d'Italie ; 1/2/3 boules 3,80/6/8 € ; lun-sam 7h30-19h30, dim 10h-18h mai-sept, lun-sam 8h-19h oct-avr)

Maison des Pâtes

ITALIEN **€**

13 PLAN P. 116, D5

Tous les matins, ce stand du marché de La Condamine (p. 129) est pris d'assaut par des Monégasques venus acheter des pâtes fraîches à emporter. À midi, il se mue en restaurant informel. Vous pourrez choisir parmi une dizaine de types de pâtes et de sauces avant de prendre place à des tables communes. (00 377 97 77 56 21 ; marché de La Condamine, 1 pl. d'Armes ; pâtes 8-12 € ; mar-sam 7h-15h30 et 18h-21h30, dim-lun 7h-15h30)

Le Huit et Demi

FUSION **€€**

14 PLAN P. 116, D5

Un peu en retrait dans une rue calme mais vivante. Terrasse agréable et décor soigné mettant le cinéma à l'honneur. Les plats sont appétissants : tartare de daurade et noix de Saint-

Jacques aux agrumes, risotto aux artichauts, magret de canard rôti à l'orange, wok de gambas et ses nouilles chinoises... (00 377 93 50 97 02 ; www.huit-et-demi-restaurant-italien-monaco.com ; 7 rue Princesse-Caroline ; plats 22,50-38,50 € ; tlj 12h-14h45 et 19h-23h15)

Le Train Bleu
ITALIEN **€€€**

Pour une expérience culinaire raffinée, rendez-vous au Train Bleu, dans le **casino de Monte-Carlo** (voir **30** plan p. 116, F3). Les plats de poisson et de crustacés sont servis dans une réplique de wagon-restaurant Belle Époque. (00 377 98 06 24 24 ; www.montecarlosbm.com/fr/restaurant-monaco/le-train-bleu ; pl. du Casino ; plats 29-42 € ; tlj 14h-5h)

Le Loga
INTERNATIONAL **€€**

15 PLAN P. 116, F2

Ses menus du midi font du Loga une excellente affaire en semaine. Tartares de bœuf, escalopes milanaises, salades, délicieux gnocchis maison et autres spécialités italiennes. (00 377 93 30 87 72 ; www.logarestaurant.com ; 25 bd des Moulins ; menu déj 15-22 €, menu dîner 38 €, plats 16-42 € ; lun-mar et jeu-sam 8h-23h, mer 8h-19h)

Il Terrazzino
ITALIEN **€€**

16 PLAN P. 116, E3

Un étal de légumes vous accueille à l'entrée, annonçant une nourriture saine. Les saveurs napolitaines sont à l'honneur. Laissez-vous séduire par les succulents antipasti ou le risotto parfumé à l'écorce

Le Huit et Demi

de citron ! Assiettes généreuses, accueil charmant et jolie terrasse-véranda. (00 377 93 50 24 27 ; www.il-terrazzino.com ; 2 rue des Iris ; plats 15-24 €, menus 19-45 € ; tlj sauf dimanche 12h-14h30 et 19h30-23h)

Beefbar

VIANDE **€€€**

17 PLAN P. 116, D6

Dans un coin tranquille sur le port de Fontvieille, une adresse branchée pour les amoureux de viande, avec une ambiance chic mais détendue. Les formules du midi sont particulièrement alléchantes, avec entrée, plat, frites maison et verre de vin inclus. Laissez-vous tenter par le chateaubriand de bœuf Angus : tendre et fondant, il est généreusement nappé de la sauce spéciale "Relais de Paris" au beurre et aux fines herbes. Un régal. (00 377 97 77 09 29 ; www.beefbar.com ; 42 quai Jean-Charles-Rey ; menus midi 21-39 €, plats 19-69 € ; tlj 12h-14h30 et 20h-23h, ven-sam jusqu'à 23h30)

La Marée

PRODUITS DE LA MER **€€€**

18 PLAN P. 116, E4

Le slogan, "fish & chic", annonce la couleur : si vous avez envie de poisson avec vue sur la mer, ce luxueux restaurant sur le toit-terrasse de l'Hôtel Port-Plage est l'endroit qu'il vous faut. Turbot, rouget, bar, lotte ou plateaux de fruits de mer régaleront les amateurs. La jet-set de Monaco ne raterait pour rien au monde le brunch du dimanche. (00 377 97 97 80 00 ; www.lamaree.mc ; 7 av. J.-F.-Kennedy ; plats 38-112 € ; lun-ven 12h-23h, sam-dim 12h-minuit)

Le châteaubriand du Beefbar

La Note Bleue

FUSION €€

19 PLAN P. 116, E4

Sur une plage privée, une déco contemporaine, avec mobilier en teck, parasols blancs, oliviers en pots. À la carte, des plats d'inspirations asiatique et italienne : tempura de gambas, pad thaï au poulet, risotto à la truffe et aux Saint-Jacques... De juin à août, concerts de jazz, soul, funk ou musique brésilienne, du mercredi au samedi soir. (00 377 93 50 05 02 ; www.lanotebleue.mc ; plage du Larvotto ; plats 19-36 € ; tlj 8h30-minuit, fermé fin nov-début mars)

Prendre un verre

Chocolaterie de Monaco

CAFÉ

20 PLAN P. 116, E5

Pour un remontant sucré entre le palais princier et le musée océanographique, difficile de faire mieux que ce café-chocolaterie. Diverses boissons sont proposées mais le chocolat chaud (5,90 €) est naturellement à l'honneur. (00 377 97 97 88 88 ; www.chocolateriedemonaco.com ; pl. de la Visitation ; lun-sam 9h30-18h30, dim 10h-12h et 12h30-17h30)

Brasserie de Monaco

MICROBRASSERIE

21 PLAN P. 116, D4

Ce bar de La Condamine est la seule microbrasserie de Monaco et son trio de bières blonde, blanche et ambrée bio attirent les amateurs de houblon. À l'intérieur, beaucoup de chrome et d'acier, de grands écrans pour les événements sportifs et des DJ le week-end. Pour plus de calme, préférez la cour côté port, à l'avant. Happy hour 18h-20h. (00 377 97 98 51 20 ; brasseriedemonaco.com ; 36 route de la Piscine ; tlj 12h-2h)

La Rascasse

BAR

22 PLAN P. 116, E5

Sur le port Hercule, ce bar lounge sur deux niveaux attire beaucoup de monde à l'heure de l'apéritif, puis devient l'établissement nocturne le plus animé de Monaco, avec des concerts du lundi au vendredi et des DJ mixant toute la nuit le week-end. (00 377 98 06 16 16 ; www.montecarlosbm.com/fr/bar-nightclub-monaco/la-rascasse ; 1 quai Antoine-Ier ; tlj 16h-5h)

Gerhard's Cave

BAR À VINS

23 PLAN P. 116, D6

Des petits domaines aux grands crus, découvrez une large sélection de vins des quatre coins du monde. Avec pas moins d'une centaine de références, il y en a pour tous les goûts et tous les budgets. La clientèle est hétéroclite, le cadre est chic et cosy (banquettes rouges, tables en bois, ampoules suspendues) et la vue sur le Rocher de Monaco et les yachts amarrés dans le port de Fontvieille est imprenable. (00 377 99 90 71 91 ; www.gerhardscave.com ; 42 quai Jean-Charles-Rey ; lun-ven 12h-1h, sam-dim 17h-1h)

Le Grand Prix de Formule 1

Tout pilote de Formule 1 rêve de remporter un jour le Grand Prix de Monaco. Cette course mythique a tout pour elle, notamment des spectateurs hors du commun : les riches contemplent le spectacle depuis l'Hôtel Hermitage, les très riches regardent depuis leur luxueux yacht amarré dans le port et les Grimaldi assistent au départ et à l'arrivée depuis leur loge princière, sur le port. Le cadre est tout aussi extraordinaire puisque les voitures traversent le centre-ville de Monaco. Depuis la ligne de départ/arrivée, elles gagnent le casino en haut de la colline puis dévalent un tournant en épingle à cheveux et deux virages à droite très serrés ; elles s'engouffrent ensuite dans un tunnel, longent le port et doivent franchir une chicane et d'autres courbes délicates avant d'atteindre la ligne d'arrivée/de départ.

En dépit de sa réputation, le Grand Prix de Monaco n'est pas une course sensationnelle. La piste est trop étroite et sinueuse pour les voitures de Formule 1 modernes, et il est quasiment impossible de doubler. Selon la célèbre formule du Brésilien Nelson Piquet, triple champion du monde, rouler sur le circuit de Monaco s'apparente à "faire du vélo dans son salon". Mais Monaco a beau être la course la moins rapide du circuit, la vitesse record sur un tour est tout de même de plus de 160 km/h et les voitures peuvent faire une pointe à 280 km/h. Quant à la courbe du tunnel, elle est négociée à 250 km/h !

La course de 78 tours se déroule fin mai. Les billets (30-1 400 €) sont théoriquement vendus par l'Automobile Club de Monaco (www.acm.mc), en ligne ou à la billetterie de Monaco (p. 128), mais les meilleures places sont réservées des mois à l'avance.

Si vous ne pouvez pas assister à cet événement majeur mais êtes tout de même tenté par une course automobile dans les rues de Monaco, venez fin avril/début mai pour le **Grand Prix historique de Monaco** (www.monacograndprixticket.com/grand-prix-historique), organisé tous les deux ans, avec des voitures de course anciennes.

Le Teashop SALON DE THÉ

24 PLAN P. 116, F1

Ce salon de thé ultrachic et ultratendance propose 130 variétés de thés ; le breuvage est servi dans de la porcelaine fine et accompagné de lait mousseux ou de perles de tapioca, à la taïwanaise. Les gâteaux sont irrésistibles. (00 377 97 77 47 47 ; leteashop.com ; pl. des Moulins ; lun-sam 9h-19h)

Buddha-Bar BAR

25 PLAN P. 116, F3

Dans le casino de Monte-Carlo, la célèbre enseigne de restaurantsbars lounges, présente partout dans le monde, offre aux amoureux des ambiances exotiques et chics son décor inimitable. Au bar, situé dans la mezzanine qui surplombe la salle à manger, on profite des délicieux cocktails et de fameuses compilations maison. (00 377 98 06 19 19 ; www.montecarlosbm.com/fr/bar-nightclub-monaco/buddha-bar-monte-carlo ; pl. du Casino ; mar-sam 18h-2h)

Sass Café

BAR

26 PLAN P. 116, F2

Le lieu incontournable des nuits monégasques pour voir et être vu. Les plus gros joueurs de Monaco fréquentent ce piano-bar constamment bondé, qui rappelle les cabarets à l'ancienne avec son comptoir rutilant, son piano à queue laqué (concert tous les soirs) et ses murs rouges capitonnés. Grâce aux DJ, l'ambiance ne retombe pas avant le petit matin. (00 377 93 25 52 00 ; www.sasscafe.com ; 11 av. Princesse-Grace ; tlj 20h-4h)

Sortir

Opéra de Monte-Carlo

OPÉRA

27 PLAN P. 116, F3

Également appelé salle Garnier, l'Opéra de Monte-Carlo est un splendide édifice néoclassique de 1879, jouxtant le casino de Monte-Carlo et conçu par Charles Garnier (à qui l'on doit aussi l'Opéra de Paris). La saison s'étend d'octobre à avril. L'Opéra accueille aussi les concerts de l'Orchestre philharmonique de Monte-Carlo (www.opmc.mc) et les spectacles de danse des Ballets de Monte-Carlo (www.balletsdemontecarlo.com). (Salle Garnier ; billetterie 00 377 98 06 28 28 ; www.opera.mc ; casino de Monte-Carlo, pl. du Casino)

Monaco Open-Air Cinema

CINÉMA

28 PLAN P. 116, E5

Des grands succès populaires sont projetés sous les étoiles, dans le seul cinéma 3D en plein air du monde. Les films commencent à 22h tous les soirs en juin et juillet, et à 21h30 en août et septembre. Il y a 500 places et il est conseillé de réserver vos billets en ligne. (00 377 93 25 86 80 ; www.cinemas2monaco.com ; av. de la Quarantaine ; adulte/étudiants/enfant 11,50/9/6 € ; mi-juin à mi-sept)

Grimaldi Forum

SPECTACLE VIVANT

29 PLAN P. 116, F2

Ce grand auditorium accueille, entre autres, des expositions, des événements commerciaux, des concerts de l'Orchestre philharmonique de Monte-Carlo (www.opmc.mc) et des spectacles de danse des Ballets de Monte-Carlo (www.balletsdemontecarlo.com). (billetterie 00 377 99 99 30 00 ; www.grimaldiforum.com ; 10 av. Princesse-Grace ; mar-sam 12h-19h)

L'Orangerie

Atrium du Casino

BILLETTERIE

30 PLAN P. 116, F3

Billets pour divers spectacles et événements. (00 377 98 06 28 28 ; casino de Monte-Carlo, pl. du Casino ; 10h-17h30 mar-sam)

Stade Louis-II

SPORTS

31 PLAN P. 116, C6

Le fief de l'équipe de football de l'AS Monaco. Procurez-vous des billets pour les matchs à la billetterie ou découvrez le stade lors d'une visite guidée de 20 minutes. (00 377 92 05 40 10 ; www.stadelouis2.mc ; 7 av. des Castelans ; visites avr-sept)

Auditorium Rainier-III

MUSIQUE CLASSIQUE

32 PLAN P. 116, F3

L'Orchestre philharmonique de Monte-Carlo se produit régulièrement dans cet auditorium réputé pour son acoustique. (00 377 93 10 85 00 ; www.opmc.mc ; bd Louis-II)

Automobile Club de Monaco

BILLETTERIE

33 PLAN P. 116, D4

Vend les billets pour le Grand Prix de Formule 1 de Monaco et d'autres événements automobiles. (ACM ; 00 377 93 15 26 00 ; www.acm.mc ; 23 bd Albert-Ier)

Shopping

Marché de La Condamine PRODUITS ALIMENTAIRES

34 PLAN P. 116, D5

Ce marché aux fruits et légumes et sa halle gourmande se tiennent tous les jours tout au long de l'année. Sous les halles, de nombreux stands permettent de déguster des spécialités locales du matin jusqu'au soir : socca, barbajuans (raviolis aux blettes), fritto misto à petit prix ! (pl. d'Armes ; marché tlj 6h-14h, halle gourmande mar-sam 18h-23h)

L'Orangerie BOISSONS

35 PLAN P. 116, D5

Invention du Dublinois Philip Culazzo, L'Orangerie est une liqueur artisanale confectionnée à partir d'oranges amères cueillies sur les orangers bordant certaines rues de Monaco. Après avoir goûté le breuvage, vous pourrez acheter une bouteille à ramener en souvenir dans cette adorable boutique orange vif. (00 377 99 90 43 38 ; www.orangerie.mc ; 9 rue de la Turbie ; 9h30-12h30 et 14h30-17h30 lun-ven)

Office des émissions de timbres-poste CADEAUX ET SOUVENIRS

36 PLAN P. 116, C5

Les philatélistes prévoiront un passage dans ce bureau officiel du gouvernement, où sont vendus toutes sortes de timbres monégasques, anciens ou actuels. (00 377 98 98 41 41 ; www.oetp-monaco.com ; 23 av. Albert-II ; lun-ven 9h-17h)

La Boutique de l'Automobile Club de Monaco CADEAUX ET SOUVENIRS

37 PLAN P. 116, D4

Dans cette boutique gérée par l'Automobile Club de Monaco, vous pourrez acheter le tee-shirt officiel, ainsi que d'innombrables accessoires sur le thème du Grand Prix de Monaco : chemises, sacs, jeans, montres, petites voitures, casques antibruit, vêtements pour bébés, etc. (00 377 97 70 45 35 ; www.monaco-grandprix.com ; 46 rue Grimaldi ; lun-ven 9h30-19h, sam 10h30-19h)

One Monte-Carlo BOUTIQUES DE LUXE

38 PLAN P. 116, E3

Imaginé par l'architecte urbaniste sir Richard Rogers, One Monte-Carlo est un tout nouveau quartier entièrement piéton, qui rassemble des grandes marques de luxe, des restaurants et des appartements de prestige. Parmi les boutiques haut de gamme, vous trouverez Prada, Chanel, Louis Vuitton, Valentino et Dior. (allée des Boulingrins, pl. du Casino)

Le Métropole CENTRE COMMERCIAL

39 PLAN P. 116, F3

Ce centre commercial regroupe près de 80 boutiques de mode, décoration, loisirs culturels. (00 377 92 16 77 01 ; 17 av. des Spélugues ; lun-sam 10h-19h30)

Explorer

La Riviera française de Nice à Menton

Des falaises plongeant dans la mer, une eau turquoise, des criques ensoleillées, des petits ports de pêche, des palaces Belle Époque, des villages perchés au-dessus de la mer... Voilà le cocktail de rêve qui vous attend tout au long de ce parcours enchanteur qui relie Nice à Menton, où s'égrènent des stations balnéaires rivalisant de beauté.

À deux pas de Nice, Villefranche-sur-Mer (p. 139) ne manquera pas de vous séduire avec sa plage, sa vieille ville aux couleurs de l'Italie et sa citadelle. L'après-midi, cap sur Saint-Jean-Cap-Ferrat (p. 136), son sentier côtier et la magnifique villa Ephrussi de Rothschild, qui renferme une collection d'objets anciens et de toiles de maîtres. Dormez à Èze (p. 141), où vous découvrirez le lendemain matin le jardin exotique en dehors des foules. Puis, gagnez Roquebrune-Cap-Martin (p. 143), pour profiter de ses plages et de son vieux village, avant de finir en beauté avec Menton (p. 146), son musée Cocteau et ses églises baroques.

Comment y aller

Depuis Nice, une ligne de TER dessert Villefranche-sur-Mer, Beaulieu, Roquebrune-Cap-Martin, Èze-sur-Mer et Menton.

En bus, la ligne n°15 circule entre Nice et Saint-Jean-Cap-Ferrat via Villefranche et Beaulieu. La ligne 100 relie Nice à Menton en passant par Villefranche, Beaulieu, Èze et Roquebrune-Cap-Martin. Le vieux village d'Èze est accessible par les lignes n°112 ou n°82.

Plan de la région p. 138

La Riviera française au niveau d'Èze (p. 141) MARIA MENDES/STOCK.ADOBE.COM ©

Les incontournables
Villa Ephrussi de Rothschild

Bijou architectural construit entre 1907 et 1912, ce palais aux façades roses surplombe le cap Ferrat et abrite quelque 5 000 objets d'art : des mosaïques antiques aux tableaux impressionnistes, en passant par des tapisseries des Gobelins ou la table de jeu de Marie-Antoinette. Son parc abrite 9 somptueux jardins à thème et offre de magnifiques vues.

PLAN P. 138, A4

04 93 01 33 09 ; www.villa-ephrussi.com ; cap Ferrat

tarif plein/réduit/18-25 ans 15/12/10 €

tlj 10h-19h juil-août, 10h-18h sept-juin

Pour la petite histoire...

À 19 ans, Béatrice de Rothschild (1864-1934), fille du baron et gérant de la Banque de France Alphonse de Rothschild, épouse Maurice Ephrussi, un banquier d'origine russe de quinze ans son aîné. Mais en plus de lui transmettre une maladie grave qui l'empêchera d'avoir des enfants, Maurice est un flambeur qui accumule les dettes. Ils se séparent en 1904 et c'est alors que Béatrice s'adonne à l'une de ses grandes passions : la collection d'objets d'art. Un an plus tard, elle hérite de l'immense fortune de son père et s'achète 7 hectares de terrains surplombant le cap Ferrat. C'est ici qu'inspirée par les palais de la Renaissance italienne et le raffinement du XVIIIe siècle, elle construira sa villa de rêve aux somptueux salons et magnifiques jardins.

Œuvres incontournables

Parmi les quelque 5 000 objets d'art exposés aux quatre coins de la villa, ne manquez pas : la table de jeu de Marie-Antoinette, réalisée au XVIIIe siècle par le maître ébéniste René Dubois ; l'impressionnante collection de porcelaines, considérée comme l'une des plus riches de France ; le salon des tapisseries, qui compte notamment une tapisserie de près de 20 m^2 provenant de la Manufacture royale des Gobelins ; et le salon des singes, ces petits animaux que la baronne affectionnait tant et que l'on retrouve sur les boiseries et la fameuse porcelaine de Meissen.

À la découverte des jardins

Ornés de cascades, de colonnades et de bassins, les 9 jardins (à la française, espagnol, florentin, lapidaire, japonais, exotique, provençal, jardin de Sèvres et roseraie) abritent des centaines d'arbres, de plantes et de fleurs. Oliviers et rosiers centenaires, palmiers, haies de cyprès et de jasmins étoilés, plantes exotiques, lavandes, camélias, hortensias... Un véritable spectacle de couleurs et de senteurs, entretenu de façon écoresponsable avec une culture biologique.

★ À savoir

- Chaque printemps, la Fête des Roses et des Plantes rassemble rosiéristes, pépiniéristes, jardiniers et parfumeurs. Profitez d'animations, d'ateliers de jardinage et de ventes de produits artisanaux (sam-dim 10h-19h, un week-end en mai ; tarif plein/réduit 15/12 €).
- Admirez la villa et ses jardins illuminés à la lueur des bougies et assistez à des spectacles de musique, de danse et de jeux d'eau, pendant les nocturnes d'été (ven-sam 19h30-minuit juillet-août ; 22 €).

Une petite faim ?

- Installé dans l'ancienne salle à manger de Béatrice Ephrussi de Rothschild, le **salon de thé-restaurant** sert des plats légers et des pâtisseries. Ne manquez pas la vue imprenable sur la baie de Villefranche depuis sa terrasse.

Promenade à pied

Saint-Jean-Cap-Ferrat

Les heureux élus qui habitent Saint-Jean-Cap-Ferrat ont une chance incroyable. Sur cette splendide péninsule verdoyante, à 9 km à l'est de Nice, le quotidien demeure proche de la nature et protégé du rythme effréné de la vie moderne. Les sentiers côtiers vous invitent à ralentir le pas et à apprécier la beauté de ce coin de paradis.

Comment y aller

Bus n°15 de Lignes d'Azur depuis la promenade des Arts à Nice (35 minutes).

Itinéraire

Départ Villa Ephrussi de Rothschild

Arrivée Plage de Passable

Distance et durée 7 km ; 2-3 heures

❶ Villa Ephrussi de Rothschild

Commencez votre balade avec une visite de la Villa Ephrussi de Rothschild (p. 132), véritable bijou architectural construit au début du XXe siècle. Ce palais aux façades roses abrite une impressionnante collection d'objets d'art. Dans le parc, les 9 jardins de styles différents sont l'occasion d'un tour du monde des espèces végétales.

❷ Plage Cros dei Pin

À deux pas du village, cette plage familiale dispose d'une aire de jeux et d'un terrain de beach-volley. La **buvette** (sandwichs 4,50-5,90 € ; tlj juin-sept) de Jean-Marc sert pan-bagnat, café et bière à des prix abordables.

❸ La Civette

Sur la place centrale de Saint-Jean, **La Civette** (04 93 76 04 14 ; 1 pl. Clemenceau ; 10h-19h) est le point de rendez-vous préféré des habitants pour prendre un café.

❹ Jardin de la Paix

Ombragé de pins et constellé de sculptures, le bien nommé **jardin de la Paix** est un lieu paisible, idéal pour contempler la mer avant une balade côtière (boucle de 3 km), qui commence ici. En été, un camion vend des en-cas, et en août, toute la ville se retrouve ici pour le festival de jazz de Saint-Jean.

❺ Plage Paloma

Cette **crique** en forme de croissant est très prisée en été, grâce à ses eaux translucides et son point de vue sur Beaulieu-sur-Mer et les falaises d'Èze. Au centre, la plage privée séduit les touristes avec son restaurant onéreux, ses transats et ses parasols, tandis que les habitants préfèrent emporter un pique-nique et s'installer sur les zones publiques.

❻ Phare du Cap-Ferrat

La balade incontournable de Saint-Jean-Cap-Ferrat est le tour du Cap-Ferrat (7 km), qui suit le rivage depuis Saint-Jean, longeant des secteurs sauvages de la péninsule.

❼ Villa Santo Sospir

Jean Cocteau passa des années à couvrir la **villa Santo Sospir** de fresques inspirées de la mythologie (06 60 14 79 82 ; www.villasantosospir.fr ; 14 av. Jean-Cocteau ; visite guidée 15 € ; sur rdv uniquement ; actuellement fermée pour travaux, réouverture prévue fin 2021). Elle ouvre ponctuellement pour des visites et des concerts.

❽ Plage de Passable

À l'extrémité ouest de la péninsule, cette **plage** donne sur les villas aux teintes ocre de Villefranche-sur-Mer, qui ne sont jamais aussi belles que sous la lumière de la fin d'après-midi.

Villefranche-sur-Mer

50/40/36 € ; mer et sam 9h30-13h30 juil-août, sam 9h30-13h30 juin et sept)

Rand'eau évasion PLONGÉE

Randonnées subaquatiques de 2 heures à partir de 8 ans sur un sentier sous-marin et plongée classique. (06 18 79 62 33 ; www.randeauevasion.com ; port de la Darse ; baptême plongée 70 €, rando subaquatique, avec guide 38 €, sans guide 25 € ; tlj mai-nov, le week-end et sur réservation le reste de l'année)

Se restaurer

L'Aparté CRÉATIF €€

Un petit bistrot caché sous les voûtes de la rue Obscure. À l'ardoise, des plats créatifs préparés avec amour : magret de canard aux fruits rouges, tartare de loup aux agrumes, risotto au homard... (04 93 01 84 88 ; www.laparte-villefranche-sur-mer.com ; 1 rue Obscure ; menus 38-44 €, plats 25-30 € ; soir tlj sauf mar)

La Mère Germaine BOUILLABAISSE €€€

Une institution depuis 1938. Spécialités de la mer, dont la bouillabaisse la plus réputée de la Riviera. Terrasse en front de mer. Réservez. (04 93 01 71 39 ; www.meregermaine.com ; 7 quai de l'Amiral-Courbet ; menu déj en semaine 36 €, menu 51 €, plats 34-68 € ; tlj, fermé mi-nov à mi-déc).

Beaulieu-sur-Mer

Un cadre exceptionnel protégé par de majestueuses falaises et un lieu très prisé autrefois par l'aristocratie européenne et les voyageurs fortunés. Côté mer, le petit port de pêche, le casino récemment rénové et la somptueuse **rotonde** (av. Fernand-Duan), ancien palace Belle Époque qui servit d'hôpital militaire durant la Seconde Guerre mondiale, mais aussi à l'est le nouveau port et ses 800 anneaux.

Voir

Villa Kérylos VILLA GRECQUE

Dressé au bout d'un cap, cet édifice est la copie d'un palais de l'île de Délos, du IIe siècle av. J.-C. Son nom "kérylos" désigne l'hirondelle de mer, oiseau de légende qui surgissait des flots en signe de bon présage. Érigée en 1908 par Théodore Reinach, passionné par les civilisations helléniques, la demeure abrite peintures murales, mosaïques, fresques, meubles raffinés, salons éblouissants… Les jardins regroupent une collection d'essences méditerranéennes, et la galerie des Antiques, en sous-sol au raz de l'eau, présente des moulages grandeur nature de célèbres statues gréco-romaines. Audioguide gratuit. (04 93 01 01 44 ; www.villakerylos.fr ; 7 impasse Gustave-Eiffel ; 11,50 €, gratuit -18 ans ; tlj 10h-18h mai-août, 10h-17h sept-avr)

Activités

Plage de la Petite Afrique PLAGE FAMILIALE

Sable fin, aire de jeux, terrain de beach-volley, petite forêt de pins et de palmiers : cette longue plage, dont le nom vient du microclimat toujours plus chaud que sur le reste de la côte, regroupe tous les atouts.

Plage des Fourmis PLAGE FAMILIALE

Cette plage du centre-ville est ourlée d'une promenade plantée de palmiers, avec un casino centenaire et la superbe Villa Kérylos en arrière-plan. Les familles apprécient les eaux calmes et l'accès pratique.

Se restaurer

Les Vents d'Ange MÉDITERRANÉEN €€

C'est le petit resto qui a la cote : dans une salle chaleureuse où les serveurs s'affairent midi et soir, une cuisine simple mais efficace : moules gratinées, cuisses de grenouilles, filet mignon de veau… et surtout d'excellentes pizzas au feu de bois. (04 93 01 35 77 ; 15 bd Maréchal-Joffre ; plats 14-25 €, formule midi 16 € ; mar-sam)

Èze

Un nid d'aigle juste au-dessus de la mer, posé au pied d'un merveilleux écrin naturel ! Le cachet d'un village médiéval perché, la fraîcheur et la beauté des eaux turquoise et la pureté d'une nature intacte sont des atouts indéniables. Du coup, le site est envahi en été – préférez les premières heures de la matinée ou la fin d'après-midi, quand le village retrouve un peu de tranquillité.

Voir

Village médiéval PROMENADE

On pénètre dans le village par la **Poterne**, une porte fortifiée, avant de s'élancer au fil des ruelles pépite azuréenne. Tout comme Èze, elle s'étage sur plusieurs niveaux, conjuguant les charmes de son village médiéval perché avec ceux de son agréable station balnéaire et de son cap.

Voir

Vieux village PROMENADE

Perché à 300 m, le village a été construit sur un poudingue, un mélange de galets et de sable, a priori très fragile. Et pourtant, voilà des siècles que Roquebrune repose solidement dessus ! La balade commence par la **place des Deux-Frères**, qui tient son nom des deux rochers qui encadrent l'entrée de la rue Grimaldi. Depuis la **rue Grimaldi**, poussez jusqu'à la **rue Pie**, l'une des plus anciennes du village. **Rue Montcollet**, remarquez l'importance du poudingue dans la construction des habitats. Au n°4/6 de l'**impasse Scarouget** vécut l'écrivain Romain Gary. Il faut passer sous la **porte de Menton** et prendre le chemin du même nom pour découvrir à moins de 10 minutes à pied, sur la gauche, un **olivier** millénaire. Un peu plus bas se dresse la **chapelle de la Pausa** avec son parvis en galets et ses fresques intérieures.

Église Sainte-Marguerite ART SACRÉ

Cette chapelle du XIIIe siècle, baroquisée à plusieurs reprises, possède une majestueuse façade ocre et jaune. De belles fresques de Gastaldi ornent le plafond, lui-même soutenu par de grandes

Roquebrune-Cap-Martin

Cap moderne : un site architectural emblématique

La baie de Roquebrune-Cap-Martin fut dans l'entre-deux guerres le terrain d'expérimentation de l'architecte Eileen Gray et de son compagnon Jean Badovici qui y construisirent la **villa E-1027**. Ouverte au public, elle abrite des meubles et des luminaires dessinés par Eileen, ainsi que des peintures murales de Le Corbusier qui y séjourna en 1939. Ce dernier bâtit non loin un **cabanon** en rondins, où il passa tous ses étés de 1952 jusqu'à sa mort, en 1965. Il est mitoyen du bar-restaurant **L'Étoile de Mer**, qu'il décora de peintures murales, et de **5 unités de camping** sur pilotis, qu'il conçut dans le cadre de ses recherches sur les habitats de loisirs modulaires. Ce site, qui a reçu le nom de **Cap moderne** (capmoderne.com / capmoderne.monuments-nationaux.fr ; promenade Le Corbusier ; 9 € ; visites commentées mai-oct mer et dim 9h30, 11h, 14h et 15h30), se visite sur réservation. L'accueil et le départ des visites se font depuis un hangar de la gare SNCF de Cap-Martin-Roquebrune (billetterie sur place). On peut aussi l'admirer à distance au cours d'une balade sur le sentier Le Corbusier (2 heures 30 de la pointe du cap Martin aux portes de Monaco).

et larges colonnes. Les tableaux de la Crucifixion et de la Déploration ont été réalisés par Marc Antoine Otto, un peintre roquebrunois du XIIe siècle. (rue de l'Église)

Château — VIEILLES PIERRES

Au sommet du village médiéval, il reste de beaux vestiges du château, à visiter tant pour la vue vertigineuse qu'ils offrent que pour leur valeur historique. Construite en 970 selon la volonté du comte de Vintimille Conrad Ier, la forteresse comprenait à l'origine tout le village dans son enceinte. Au XVIe siècle, le château revient à la famille Grimaldi, seigneurs de Monaco. En 1911, l'édifice fut cédé à sir William Ingram, riche propriétaire britannique qui léguera son bien à la commune dix ans plus tard. Aujourd'hui, il reste le donjon et quelques salles bien conservées. (04 93 35 07 22 ; pl. William-Ingram ; tarif plein/enfant 5/3 € avec audioguide ; tlj 10h-13h et 15h-18h)

Fort Maginot — ÉDIFICE MILITAIRE

Composé de trois blocs de combat, le fort du cap Martin fait partie de la ligne de défense, mise en place à partir des années 1920 par André Maginot. Une bonne forme physique est recommandée pour le visiter (nombreux escaliers). (04 93 35 62 87 ; allée Marie-Henriette, cap Martin ; tarif plein/réduit 6/3 €, gratuit -6 ans ; visite guidée mer et sam 14h30 juin-sept, sam 14h30 mars-mai et oct-nov, réservation office du tourisme)

Activités

Les plages de galets de **Carnolès** sont familiales et assez fréquentées. À l'ouest du cap Martin, la **plage de Buse** est plus dépaysante et bordée d'eaux translucides ; celle du **Golfe Bleu** est en partie naturiste.

Se restaurer

Madame Bleue

MÉDITERRANÉEN FUSION **€€**

Tartare de saumon à la mangue et au gingembre, carré d'agneau des Alpilles ou dos de cabillaud à la japonaise façon black cod : cette nouvelle adresse en bord de mer propose des produits frais, des saveurs méditerranéennes et une touche d'exotisme dans un cadre propice à la détente… chaises en osier, palmiers et service chaleureux. Service de voiturier à partir de 18h30. (☎04 93 83 87 85 ; www.madamebleue.fr ; 25 promenade du Cap-Martin ; plats 16-34 € ; ⏲tlj)

Au Grand Inquisiteur

MÉDITERRANÉEN **€€**

Au cœur du village de Roquebrune, derrière une belle façade recouverte de lierre, un décor médiéval et des mets variés relevés de saveurs provençales : tatin de lapin et sa tapenade, cuisse de canette confite au miel, noix de Saint-Jacques et pommes flambées… Belle carte des vins. (☎04 93 35 05 37 ; www.augrandinquisiteur.com ; 18 rue du Château ; menus 29-39 € ; ⏲tlj sauf mercredi, soir uniquement)

Menton

Nichée entre Monaco et l'Italie, Menton est un petit bout de France qui jouit des mêmes atouts que ses voisines côtières avec, en plus, une exceptionnelle douceur de vivre. Avec ses vieilles maisons aux teintes ocre délavées, le faste de ses anciens palaces, ses ruelles tortueuses et colorées, ses plages où chantonne l'accent italien, et ses flâneries le soir venu le long des quais, la ville respire un art de vivre typiquement méditerranéen.

Voir

Vieille ville

PROMENADE

En bord de mer, l'**esplanade Francis Palmero** offre une pittoresque vue d'ensemble sur les façades de la vieille ville. C'est un bon point de départ avant de pénétrer au cœur des ruelles ponctuées de placettes et de fontaines. Longez les halles couvertes et traversez la **place aux Herbes** avant de gagner la **rue Saint-Michel**, la voie principale de la vieille ville, animée de boutiques et de restaurants. Tout au bout, à l'est, la **place du Cap** illustre à merveille la fameuse douceur de vivre mentonnaise. D'ici, grimpez la **rue des Logettes**, puis enfoncez-vous le long de la **rue Longue** aux airs d'Italie. Au n°45, levez les yeux sur la façade du **palais Pretti**, peinte en trompe l'œil. En face, des marches vous hisseront face à la **chapelle de l'Immaculée Conception** (⏲visite lun et sam 15h-17h) sur le parvis de la **basilique**. Vous pourrez alors profiter d'un décor baroque majestueux et d'un beau point de vue sur la plage des Sablettes. En empruntant la rue du Vieux-Château, poursuivez la balade jusqu'au **cimetière du Vieux-Château**, au sommet de la vieille ville, pour jouir d'une vue exceptionnelle sur Monaco, la France et les rivages transalpins. Redescendez vers le centre par la **ruelle des Écoles-Pies**, fort pentue, puis par la **rue de Bréa** où logea Napoléon Bonaparte, au n°3.

Basilique Saint-Michel-Archange

ART BAROQUE

Un des plus beaux édifices sacrés de la région. On y accède par des rampes majestueuses, sa façade baroque à deux étages, peinte en vert, est ornée de colonnes. Sur le côté droit, une aile est surmontée d'un clocher qui s'élève à 53 m de hauteur. À l'intérieur, admirez les lustres et les fresques au plafond mettant en scène saint Michel. Sur la droite, arrêtez-vous devant le retable réalisé en 1565 par le peintre mentonnais Antoine Manchello. (parvis Saint-Michel ; lun, mer et ven 15h-17h)

Musée Jean Cocteau – collection Séverin-Wunderman

COCTEAU

Ce musée consacre 2 700 m² à l'œuvre du poète sous toutes ses facettes, depuis les premiers autoportraits des années 1910 jusqu'à la période "méditerranéenne" de la fin de sa vie, peu connue du grand public

Basilique Saint-Michel-Archange

Les diamants verts de Menton

Un microclimat d'une exceptionnelle douceur et 316 jours de soleil par an : voilà ce qui a attiré de tout temps les botanistes à Menton.

Jardin botanique exotique du Val Rahmeh (☎ 04 93 35 86 72 ; www.jardinbotaniquevalrahmehmenton.fr ; av. Saint-Jacques ; adulte/enfant 7/5 € ; tlj sauf mardi 9h30-12h30 et 14h-18h avr-sept, 9h30-12h30 et 14h-17h oct-mars). Un paradis bucolique, où l'on découvre nombre d'espèces exotiques rares et de jolis kiosques noyés sous la verdure.

Jardin Fontana Rosa (av. Blasco-Ibañez ; 6 € ; lun et ven 10h, visite guidée uniquement). Classé Monument historique en 1990 et objet d'une longue restauration, ce jardin est l'œuvre de Vicente Blasco Ibañez (1867-1928), romancier espagnol qui s'était installé à Menton en 1921.

Jardin serre de la Madone (☎ 04 93 57 73 90 ; 74 route de Gorbio ; adulte/enfant 8/4 € ; tlj sauf lundi 10h-18h avr-oct, 10h-17h jan-mars, fermé nov-déc, visite guidée 15h). Plus de 3 ha de terrasses naturelles, ponctuées de bassins, de statues, de palmiers, de cyprès et d'essences méditerranéennes.

Jardins du palais de Carnolès (3 av. de la Madone ; entrée libre ; sam-dim). La plus importante collection d'agrumes d'Europe. Parmi les splendides allées de palmiers se cachent aussi quelque 70 sculptures classiques ou plus contemporaines.

(www.museecocteaumenton.fr ; 2 quai de Monléon ; actuellement fermé pour rénovation).

Si l'œuvre de Cocteau vous intéresse, complétez votre visite avec le **musée du Bastion** (☎ 04 93 18 82 61 ; quai Napoléon-III ; 3 € ; tlj sauf mardi 10h-18h), fortin du XVIIe siècle qui expose d'autres travaux de l'artiste (dessins, poteries, mosaïques) et la **salle des mariages de l'hôtel de ville** (☎ 04 92 10 50 00 ; mairie de Menton, pl. Ardoïno ; 2 € ; lun-ven 8h30-12h et 14h-16h30), qu'il a décorée.

Palais de Carnolès MUSÉE

Ce palais rose et blanc accueille le musée des Beaux-Arts de Menton. Entouré d'un superbe parc, il fut autrefois la résidence d'été des princes de Monaco. Aujourd'hui, on y trouve des toiles des primitifs italiens (XIIIe siècle), des écoles flamande et hollandaise des XVIIe et XVIIIe siècles. Lors de notre dernière visite, le palais était fermé pour rénovation (réouverture prévue pour 2022). (☎ 04 93 35 49 71 ; 3 av. de la Madone ; entrée libre ; tlj sauf mardi 10h-12h et 14h-18h).

Hôtel Adhémar de Lantagnac

PATRIMOINE

À l'intérieur de cet hôtel du XVIIIe siècle, siège du service du Patrimoine de la ville de Menton, les éléments de décoration sont éblouissants. Des expositions temporaires y sont organisées ainsi que des visites guidées des jardins et de Menton. (04 92 10 97 10 ; 24 rue Saint-Michel ; mar-sam 10h-12h30 et 14h-17h, fermé nov)

Se restaurer

Cali

MÉDITERRANÉEN BIO **€€**

Proche du bord de mer et de la vieille ville, cette nouvelle adresse mentonnaise propose une cuisine méditerranéenne raffinée à base de produits locaux, régionaux et au maximum bio : velouté de coco de Paimpol, filet de daurade à la niçoise, épaule d'agneau de l'adret confite. La carte change régulièrement selon les produits et les saisons. Les vins sont majoritairement bio ou biodynamiques. Le cadre est lumineux et accueillant. Une belle adresse. Réservation conseillée. (04 93 51 85 62 ; calimenton.com ; 3 rue Trenca ; plats 21-24 €, menus midi/soir 19-25/29-48 € ; mar-sam midi et soir).

Le Petit Port

MÉDITERRANÉEN **€€€**

À côté du bastion, sur une belle place piétonne, une excellente cuisine très inspirée par la Grande Bleue : friture de supions ou de calamars, salade de poulpe, dorade royale... L'une des rares adresses authentiques de la vieille ville malheureusement un peu chère. (04 93 35 82 62 ; 4 rue du Jonquier ; plats 26-40 € ; tlj le soir juil-août, lun et jeu-dim midi et soir sept-juin).

Mirazur

GASTRONOMIQUE AVEC VUE **€€€€**

Divine cuisine et vue époustouflante sur la Méditerranée vont de pair dans ce restaurant dirigé par l'Argentin Mauro Colagreco, qui a décroché une troisième étoile en 2019. La cuisine est inventive à base de légumes et d'herbes cueillis dans le potager du restaurant situé à deux pas. La présentation des plats est artistique, les associations surprenantes et réussies. (04 92 41 86 86 ; www.mirazur.fr ; 30 av. Aristide-Briand ; menu 320 € ; mar soir, mer-dim midi et soir juillet-août, mer-jeu soir, ven-sam midi et soir, dim midi sept-juin).

Vaut le détour

Villages de l'arrière-pays niçois

L'un des grands atouts de la Côte d'Azur réside dans la proximité qu'entretiennent la mer et la montagne. Des villages typiques perchés depuis des siècles sur leurs éperons rocheux jalonnent des collines peuplées d'oliviers le long de la vallée du Paillon. Leur patrimoine architectural exceptionnel est aujourd'hui bien mis en valeur.

Comment y aller

Depuis la gare routière de Nice, plusieurs lignes départementales permettent de rejoindre facilement les villages de l'arrière-pays. Le détail des lignes est donné au fil du texte.

Falicon

Situé à 9 km de la capitale azuréenne, c'est le village perché le plus proche de Nice. La reine Victoria aimait venir y prendre son thé en calèche lors de ses séjours à Cimiez. Au sommet du village, placez-vous sous le grand chêne pour admirer la baie des Anges.

On peut facilement rejoindre Falicon en bus depuis Nice en prenant la ligne n°35, au départ de la gare routière.

Peillon

Les maisons de ce village perché sur un éperon rocheux, à 20 km de Nice, se blottissent les unes contre les autres autour du clocher. Il faut grimper jusqu'au sommet du village, au fil de ruelles escarpées pour découvrir la magnifique vue sur la place de l'Église. À l'entrée du village, la **chapelle des Pénitents Blancs** (visites guidées sur demande au syndicat d'initiative, 3 €) est parée d'émouvantes fresques médiévales qui illustrent la Passion du Christ.

Depuis Nice-Est, prendre la D2204 en direction de Sospel, puis la D21.

Peille

Tout comme Léo Ferré, qui a dédié une chanson à ce joyau médiéval du XIe siècle, vous serez séduit par ses belles ruelles et placettes, ses façades d'époque, comme celle du **palais des Consuls** (pl. de la Colle), ou de l'ancien tribunal du XIVe siècle. Ne manquez pas non plus l'imposant **palais Lascaris** (rue Lascaris), bâti en 1690 sur une partie de l'ancienne citadelle. Juste derrière, sur la place du monument aux Morts, une très jolie vue embrasse les centaines d'oliviers qui s'étendent au pied du village.

En voiture depuis Nice, prendre le même chemin que jusqu'à Peillon. De là, poursuivre sur la D21 jusqu'à La Grave, ou obliquer à droite sur la D53. Peille est aussi desservi par le bus n°116 depuis la gare routière de Nice.

★ À savoir

- Chaque mois de décembre ouvre dans le village de Lucéram un **musée de la Crèche** (04 93 79 46 50 ; pl. Adrien-Barralis ; 2 €). Vous y découvrirez plus de 170 crèches provenant du monde entier. Et, durant un mois et demi, c'est le village qui se transforme avec le **Circuit des crèches** (déc-mi-jan). Quelque 450 crèches sont exposées un peu partout dans le village.

Une petite faim ?

- À Peille, le restaurant **Cauvin Chez Nana** (04 93 79 90 41 ; 5 pl. Carnot ; menus 20-28 € ; sam-dim midi, fermé juillet) est une adresse bien connue des Niçois pour sa savoureuse et copieuse cuisine provençale, mais aussi grâce à la chanson *Peille* de Léo Ferré, dont Nana, l'ancienne propriétaire des lieux, fut l'amie. Aujourd'hui, c'est sa fille qui a repris le flambeau.

L'Escarène

On vient surtout dans ce petit bourg pour visiter l'**église Saint-Pierre-ès-Liens** (pl. Carnot), l'une des plus belles de l'arrière-pays. Son éblouissante façade, parée de trompe-l'œil, est ornée de statues de saints placées dans leurs niches. Flanquée de deux chapelles latérales, elle abrite un sublime orgue réalisé par les frères Grinda, célèbres facteurs niçois. Appréciez la finesse des décors et des fresques.

En voiture depuis Nice, il faut suivre la D2204 sur 15 km. Le village est desservi au départ de Nice par le bus n°340 (à prendre à la gare routière) et par un TER (à prendre à la gare SNCF).

Lucéram

Ancien village d'étape sur la route du sel, situé à 25 km de Nice, Lucéram diffuse un charme incontestable : les façades gothiques aux fenêtres géminées et aux portes en ogive sont soignées, les balcons fleuris, le lavoir est restauré et les édifices baroques sont sublimes. Dominant le village, l'**église Sainte-Marguerite** cache un intérieur baroque remarquable, avec ses 6 retables du XVe siècle réalisés par de grands maîtres de l'école de Nice, comme Louis Bréa ou Jean Canavesio. Dans les chapelles latérales, vous pourrez admirer l'un des plus importants trésors d'orfèvrerie religieuse de France.

En venant de Nice en voiture, suivre la D2204 jusqu'à L'Escarène, où vous bifurquerez à gauche sur la D2566. Lucéram est desservi par le bus n°340 depuis la gare routière de Nice.

Coaraze

Ce nid d'aigle tout en ruelles pavées et en passages voûtés abrite lui aussi une magnifique église baroque, l'**église Saint-Jean-Baptiste** (pl. Félix-Giordan), dont l'exubérante décoration s'agrémente d'une multitude d'anges et d'angelots. Des cadrans solaires réalisés en 1959 par des artistes célèbres (Cocteau, Valentin, Ben...) sont disséminés sur les façades du village. Vous pouvez également visiter la **chapelle Notre-Dame-de-la-Pitié** (route de la Chapelle-Bleue), surnommée la "chapelle bleue" depuis que le peintre Angel Ponce de Leon y a réalisé, en 1962, deux fresques sur la vie du Christ dans un camaïeu de bleus. À 2 km de Coaraze, la **chapelle Saint-Sébastien** (hameau Saint-Sébastien ; demander les clés à la maison voisine), mérite un détour pour ses fresques montrant notamment le martyre de saint Sébastien.

Depuis Nice-Est, prendre la D2204 en direction de Sospel, puis bifurquer à gauche sur la D15 en direction de Contes après 8 km. Poursuivre sur la D15 une dizaine de kilomètres après Contes.

En bus, vous pouvez emprunter le n°303 au départ de la gare routière de Nice.

Levens

Tout en étages, Levens révèle ses richesses graduellement. On peut notamment y admirer deux belles chapelles d'inspiration baroque riches en œuvres d'art sacré : la **chapelle des Pénitents Blancs** (pl. de la République) et la **chapelle des Pénitents Noirs** (av. du Dr Faraut). Un circuit matérialisé par des flèches en bronze sur le sol, partant devant l'office du tourisme, permet de découvrir le patrimoine historique du village.

En voiture depuis Nice-Est, prendre la direction Saint-André-de-la-Roche, puis Tourrette-Levens par la M19. En bus, vous pouvez prendre le n°59 à la gare routière de Nice.

Hier et aujourd'hui

Place Masséna MATTHIEU JOSEPH-AIMÉ ©

En quête des origines

Tout a commencé il y a 400 000 ans, avec des tribus préhistoriques installées sur les pentes du mont Boron, à l'est du centre-ville. En 1965, des travaux de terrassement entrepris dans ce quartier résidentiel sont interrompus lorsqu'on découvre les traces d'un campement préhistorique. Les fouilles de sauvegarde conduites par le préhistorien Henry de Lumley sur le site, baptisé Terra Amata, ont montré que ses occupants vivaient déjà dans des huttes et connaissaient le feu. Au pied du mont Boron, la grotte du Lazaret avait déjà livré des vestiges, vieux de quelque 170 000 ans, ainsi qu'un très grand nombre d'ossements d'animaux. Nice présentait un visage bien différent de celui que l'on connaît aujourd'hui. La mer recouvrait alors une grande partie des zones basses de la ville, et l'intérieur des terres était recouvert par d'épaisses forêts. Les premiers habitants auraient vraisemblablement établi leur campement sur une petite crique où ils prélevaient des galets pour confectionner leurs outils et leurs armes. L'*Homo erectus* chassait le cerf et le bouquetin mais aussi, à l'occasion, l'aurochs, le bison, le rhinocéros ou l'éléphant.

Comptoir grec, province romaine

Vers 600 av. J.-C., des Grecs, en provenance de Phocée (Asie Mineure), fondent Massalia (Marseille). Ils apportent de nouvelles techniques, l'art de cultiver la vigne et l'olivier, mais surtout une économie plus ouverte. Moins d'un siècle après sa fondation, Massalia est devenue une puissance commerciale indépendante qui rayonne sur une bonne partie de la Méditerranée. Les Phocéens implantent des comptoirs tout le long du littoral, notamment Nikaïa (du grec *niké*, "victoire"), au niveau de l'anse des Ponchettes et de la colline du Château.

Le destin du comptoir de Nikaïa est étroitement lié à celui de Massalia. Cette dernière entretient d'excellents rapports avec Rome et la soutient pendant la deuxième guerre punique, contre Carthage. Lorsque les Celto-Ligures menacent la cité phocéenne vers 125 av. J.-C., les Romains franchissent tout naturellement les Alpes pour leur venir en aide à leur tour. Puis, sous prétexte de protéger les territoires des invasions, ils s'installent progressivement dans tout le sud de la Gaule. À Nice, les Romains occupent la colline de Cimiez à partir de 13 av. J.-C. Leur cité, baptisée Cemenelum, va progressivement gagner de l'importance, grâce à sa proximité avec la via Julia Augusta, qui relie la Gaule à l'Italie. Sous l'Empire, elle devient la capitale de la province des Alpes-Maritimes et se pare d'importants monuments civils et religieux, dont on peut encore admirer les vestiges aujourd'hui (voir p. 83). Comme toute la Gaule romanisée, Cemenelum peut alors profiter des 200 ans de *pax romana* (paix romaine) inaugurés sous le règne d'Auguste (27 av. J.-C.-14 apr. J.-C.).

Des temps troublés

L'affaiblissement de l'Empire romain, menacé par les invasions étrangères, va précipiter le déclin de Cemenelum. La cité avait déjà perdu son statut de capitale provinciale au IVe siècle, minée par l'affaiblissement des échanges sur la via Julia Augusta ; elle est progressivement abandonnée au siècle suivant au profit de Nikaïa, mieux protégée contre les incursions hostiles. Car, dès le Ve siècle, Wisigoths, Burgondes et Ostrogoths déferlent sur la région et se la partagent. Tombée sous le giron des Lombards, Nice vit entre les VIIIe et Xe siècles sous la menace des sarrasins, qui lancent des razzias sanglantes dans toute la région. La ville sera pillée à trois reprises avant que le comte d'Arles, Guillaume, ne réussisse à les chasser définitivement. S'ouvre alors pour Nice une période de paix que ses habitants vont mettre à profit pour affirmer leurs velléités d'émancipation face aux comtes de Provence. Au XIIe siècle,

Monaco l'indépendante

En 1215, l'empereur Henri VI cède le rocher de Monaco aux Génois. À partir de ce moment, gibelins (partisans de l'Empereur) et guelfes (partisans du pape) se livrent une lutte acharnée pour la possession du Rocher. Le 8 janvier 1297, un moine franciscain pénètre dans la forteresse de Monaco sans éveiller la méfiance des gardes. Sous le capuchon de bure se cache François de Grimaldi, issu d'une famille génoise alliée des guelfes, qui s'empare ainsi de la forteresse par la ruse. Avec Monaco, les Grimaldi deviendront maîtres aussi de Menton et de Roquebrune, inclus dans la seigneurie.

En 1489, le roi de France et le duc de Savoie reconnaissent la souveraineté de Monaco. Pourtant, après avoir réussi à s'assurer la protection de différentes puissances comme l'Espagne, l'Italie ou la France, Monaco est annexée par la France à la Révolution (1793). En 1814, la Principauté est rendue au prince. Puis, en 1815, le second traité de Paris place Monaco sous le protectorat des Sardes.

En 1861, le traité franco-monégasque reconnaît l'indépendance de Monaco qui, en retour, cède Menton et Roquebrune à la France. Celle-ci s'engage à relier Nice et Monaco par la route et par la future voie de chemin de fer qui sera édifiée entre Nice et Gênes.

Le prince Charles III (1818-1889) fonde alors la Société des bains de mer, lance les jeux de casino et supprime les impôts. La Principauté connaît un essor rapide. En 1911, elle devient une monarchie constitutionnelle. Cette même année est créé le légendaire Rallye de Monte-Carlo. Rainier III (règne 1949-2005) donnera au petit pays une envergure internationale.

Les “primitifs niçois”

Du milieu du XVe siècle au milieu du XVIe siècle, le comté de Nice et les régions avoisinantes connurent un âge d'or de la peinture sacrée. Couvents, paroisses, notables et confréries rivalisaient pour doter les autels de précieux retables (du latin *retro tabula*, derrière la table : tableaux, sculptures ou bas-reliefs de dévotion surmontant la table de l'autel) et couvrir les chapelles de peintures murales. Les artistes, le plus souvent d'origine ligure ou piémontaise, à qui ils passèrent commande furent surnommés, bien plus tard, les "primitifs niçois". Ces peintres du sacré comprennent nombre d'anonymes. Les plus illustres sont néanmoins Louis Bréa (vers 1450-1523) et sa famille, originaires de Ligurie, Jacques Durandi et Antoine Ronzen. À Nice, vous pourrez admirer les œuvres de Louis Bréa à l'église Saint-Martin-Saint-Augustin (p. 37), dans la chapelle de la Miséricorde (p. 41), au monastère des Franciscains (p. 83) ou au musée des Beaux-Arts (p. 64).

Durant la même période, de nombreuses chapelles jalonnant les chemins muletiers furent ornées de peintures murales, vivantes et colorées, racontant des épisodes de la Bible (pour transmettre le message biblique aux illettrés) ou représentant des saints protecteurs (voir p. 153).

la ville s'inspire des Républiques italiennes en s'érigeant en consulat. Cette autonomie n'est pas du goût des comtes de Provence qui vont tout faire pour reprendre la ville par la force. Malgré ces affrontements, Nice profite pleinement du développement du commerce en Méditerranée. Sa population double et la ville haute, recroquevillée sur la colline fortifiée du Château, se double d'une ville nouvelle sur la rive gauche du Paillon et dans l'actuel quartier du Vieux-Nice. À la même époque, Villefranche est créée par Charles II d'Anjou. Sur le plan intellectuel et festif, c'est aussi une période féconde où prennent naissance de nombreuses traditions, tel le Carnaval de Nice, mentionné pour la première fois en 1294. Néanmoins, tout ne fut pas toujours rose. Vers 1350, ravagée par une épidémie de peste, Nice perdit la moitié de ses habitants.

Nice fait bande à part

À la mort de la reine Jeanne, comtesse de Provence, une guerre de succession éclate, dans laquelle Nice s'engage. Son parti étant vaincu, la ville se place sous la protection du comté de Savoie. La dédition de Nice à la Savoie scelle, en 1388, son rattachement volontaire et la création du comté de Nice. Le cours inférieur du Var marque alors la frontière entre comté de Provence et comté de Nice.

Fortifiée, la ville est érigée en bastion dans la résistance opposée par les comtes de Savoie aux Français et à leurs alliés. Une citadelle occupe la colline et la population est transférée dans la ville basse. En 1543, Nice repousse vaillamment les troupes de François Ier aidées par la flotte turque. Le personnage de Catherine Ségurane, une blanchisseuse qui assomme avec son battoir à linge un porte-étendard turc et lui arrache son drapeau, illustre cet événement héroïque. L'instauration d'un port franc en 1612 favorise l'activité commerciale de la ville, qui se transforme peu à peu avec l'édification de prestigieux édifices civils (palais Lascaris, palais du Sénat) et religieux (cathédrale Sainte-Réparate, église de l'Annonciation dite de Sainte-Rita). Néanmoins, la menace française se fait de plus en plus pressante et la prise de la ville en 1705 par l'armée de Louis XIV aboutit à la destruction des fortifications. Cet événement n'empêche pas la modernisation et l'agrandissement de la ville sur la rive droite du Paillon au XVIIIe siècle. En 1720, le comté de Savoie devient royaume de Sardaigne. Nice reste sous son autorité jusqu'en 1792, où elle est prise par les armées révolutionnaires françaises, qui créent le département des Alpes-Maritimes en 1793, puis entre 1814 et 1860.

Sous la domination de la maison de Savoie, la culture italienne s'impose à Nice. L'italien est la langue officielle entre 1561 et 1860 et de nombreux italianismes enrichissent le dialecte niçois. Le paysage urbain est influencé par l'architecture baroque et les techniques de décoration du *Bel Paese*. Les maisons nobles s'ornent de frises, de plafonds peints et de trompe-l'œil. Les immeubles du Vieux-Nice arborent une palette de couleurs à la chaux semblable à celle des villes de la Riviera ligure. Et la vogue pour le style néoclassique, qui s'affiche notamment sur la place Masséna et dans le quartier du port (immeubles de la rue Cassini, église Notre-Dame-du-Port), se répand à Nice depuis Turin à partir de la fin du XVIIIe siècle.

Nice la cosmopolite

Au XVIIIe siècle, la tradition du Grand Tour amène l'élite européenne, en route vers Rome ou Athènes, à découvrir avec ravissement les rivages méditerranéens. Les villes qui jalonnent le littoral, comme Nice, attirent aussi l'hiver de riches Anglais, Suisses, Allemands, Russes et Français venus profiter de la douceur du climat – auquel on prête alors des vertus curatives – et de l'ensoleillement. Sous l'impulsion de la colonie britannique, qui a redécouvert en Angleterre les bienfaits de l'air marin, un chemin côtier est creusé en 1820 à Nice le long du front de mer. Prolongé et agrandi tout au long du XIXe siècle, il deviendra la célèbre promenade des Anglais. Depuis la place Masséna, l'expansion urbaine

Une histoire d'amour russe

L'histoire d'amour des Russes pour la Côte d'Azur remonte à 1856, lorsque Alexandra Feodorovna, veuve du tsar Nicolas Ier, s'installe à Nice pour soigner sa santé fragile. C'est, en tout cas, la raison officielle. L'autre étant que les Russes comptent obtenir du duc de Savoie, alors possesseur du comté de Nice, la possibilité pour leur flotte de faire escale dans la rade de Villefranche et de s'y approvisionner. Toujours est-il que de nombreuses familles de l'aristocratie russe viennent s'installer pour l'hiver à Nice.

Après le rattachement du comté à la France, les Russes conservent leur base navale de Villefranche, qui fonctionnera jusqu'en 1870. La colonie russe continue de se développer. En 1914, Nice compte plus de 600 propriétaires russes, une église russe inaugurée en 1860 et la superbe cathédrale orthodoxe Saint-Nicolas qui vient d'être achevée. La guerre de 1914 et surtout la révolution russe de 1917 mettront un coup d'arrêt brutal à la grande fête russe de la Côte. Puis viendront des exilés...

Avant que ne renaisse la passion pour la Côte d'Azur des "nouveaux Russes", ces oligarques qui ont amassé des fortunes considérables lors de la chute de l'URSS, et dont les frasques et le goût pour l'immobilier hors de prix font régulièrement les gros titres de la presse locale.

se porte sur la rive droite du Paillon et sur le bord de mer, qui se couvre d'imposantes villas agrémentées de jardins et d'hôtels luxueux. Parallèlement, la colline de Cimiez est reliée par des voies carrossables et lotie de belles demeures qui accueillent les riches hivernants. Dès la seconde moitié du XIXe siècle, Nice s'affirme comme la destination de villégiature favorite du gotha européen (la reine Victoria, l'impératrice de Russie Alexandra Feodorovna ou le roi Louis Ier de Bavière y séjournent). À ces *happy few* viennent s'ajouter un nombre toujours plus grand de visiteurs qui arrivent à Nice par la ligne de chemin de fer inaugurée en 1864.

Du rattachement à la France au XXIe siècle

Rattachée à la France par plébiscite en 1860, Nice s'est ralliée de bonne grâce au Second Empire puis à la République. L'intégration de la ville est facilitée par les investissements qui lui sont accordés. L'arrivée des capitaux français stimule notamment le secteur de la construction, au moment où la population de la ville augmente sensiblement. En 1878, le maire de Nice, Alfred Borriglione, lance une politique de grands travaux, qui comprend la création du boulevard Gambetta, le recouvrement du Paillon et l'ouverture d'un casino municipal. À l'ouest de la place Masséna, les villas cèdent peu à peu la place à des immeubles de rapport et à des hôtels.

Le XXe siècle démarre sous les fastes de la Belle Époque avec l'ouverture de l'hôtel Negresco en 1913. Au lendemain de la Grande Guerre, l'ouverture des studios de la Victorine inaugure une nouvelle période de prospérité pour la ville. Producteurs et stars de cinéma affluent sur la Côte d'Azur, l'Art déco s'impose dans les nouvelles constructions et la vogue des bains de mer fait de Nice une capitale internationale du tourisme. Ni l'occupation italienne ni les bombardements de la Seconde Guerre mondiale n'arrêtent la croissance de la ville et de sa population.

La vie municipale est indéniablement marquée par l'empreinte de Jean Médecin, maire de Nice entre 1928 et 1965, puis par celle de son fils, Jacques Médecin, qui lui succédera jusqu'en 1990. Sous la mandature des Médecin, Nice se transforme en une ville moderne, dotée d'un aéroport et d'une voie de circulation rapide. Pour autant, la période des Trente Glorieuses est associée à une séquence de développement effréné. De grands ensembles sont édifiés autour de la ville. Le couvert végétal se réduit drastiquement sous l'effet de la fièvre immobilière. Et la circulation automobile se fait toute-puissante dans le centre. Bon nombre de ces excès sont corrigés à partir des années 1990 avec un plan de sauvegarde du patrimoine, la piétonnisation d'une partie du centre-ville et la mise en chantier du tramway, dont la première ligne a été achevée en 2007.

Cinquième ville de France, Nice continue à profiter d'une forte attractivité. Si le tourisme demeure une manne incontestable pour la ville, le dynamisme économique de l'agglomération est aussi lié à la proximité de Sophia-Antipolis, sorte de Silicon Valley à la française qui rassemble plus de 2 500 entreprises entre Nice et Cannes.

Derrière la permanence du mythe azuréen symbolisé par les alignements de palmiers rectilignes, Nice a aussi traversé des heures plus sombres. Ainsi, le terrible attentat du 14 juillet 2016, qui a coûté la vie à 86 personnes sur la promenade des Anglais, puis l'attentat de la basilique Notre-Dame le 29 octobre 2020, qui a coûté la vie à 3 personnes, ont-ils frappé de stupeur le monde entier. Des tragédies que les Niçois ont affrontées avec un esprit de solidarité exemplaire.

SOCIETAS
SEPULCRI

Carnet pratique

Place Garibaldi (p. 95) KIEV.VICTOR/SHUTTERSTOCK ©

Arriver à Nice

Avion

Situé à environ 7 km à l'ouest du centre-ville, l'**aéroport Nice Côte d'Azur** (☎ 08 20 42 33 33 ; www.nice.aeroport.fr) est le deuxième plus grand aéroport de France. Il accueille des vols de compagnies régulières ou low-cost desservant de nombreuses villes françaises et européennes, ainsi que des vols internationaux en direction de l'Afrique du Nord et de l'Amérique du Nord. Les deux terminaux sont reliés par une navette gratuite.

Des transports en commun permettent de gagner facilement le centre-ville, notamment la ligne 2 du tram. L'aéroport est proche de l'autoroute A8, à la périphérie ouest de Nice, il est donc pratique d'y récupérer ou d'y laisser une voiture de location.

Tram La ligne 2 dessert le centre-ville et le port (1,50 €, 20 à 25 minutes).

Bus Le n° 12 longe la promenade des Anglais jusqu'au Vieux-Nice (1,50 €, 30 minutes).

Taxi Comptez un forfait de 32 € pour aller de l'aéroport au centre-ville.

Train

La **gare de Nice-Ville** (av. Thiers), ou gare Thiers, permet de se rendre en TGV dans de nombreuses villes françaises, notamment Paris (5 heures 45) ou Marseille (2 heures 40). Plusieurs lignes de TER desservant la côte et l'arrière-pays s'y arrêtent, dont la ligne Mandelieu/Grasse-Vintimille ou la ligne Nice-Tende. Les correspondances pour l'Italie partent de Vintimille, à la frontière franco-italienne. La ligne 1 du tram dessert la gare de Nice-Ville (arrêt Gare Thiers).

À 15 minutes à pied du port, la **gare de Nice-Riquier** (pl. Auguste-Blanqui) peut s'avérer pratique pour rejoindre Monaco ou une autre localité desservie par la ligne TER Mandelieu/Grasse-Vintimille.

Enfin, dans le quartier Libération, la **gare des chemins de fer de Provence** (4 rue Alfred-Binet) est le point de départ du train des Pignes, cette ligne touristique qui relie Nice à Dignes en passant par de nombreux villages (voir p. 85).

Port de Nice

Le port de Nice d'où partent les ferries se trouve à l'est de la ville, de l'autre côté de la colline du Château. **Corsica Ferries** (☎ 04 95 32 95 95 ; www.corsica-ferries.fr ; quai du Commerce ; 2 Port Lympia) dessert régulièrement la Corse (Bastia, l'Île Rousse, Ajaccio et Porto Vecchio) et la Sardaigne (Golfo Aranci). La ligne 2 du tram relie l'aéroport et le port.

Comment circuler

Tramway

Le système de transports en commun de Nice géré par **Lignes d'Azur** (08 10 06 10 06 ; www.lignesdazur.com) comprend des tramways et des bus.

Nice compte trois lignes de tramways (tramway.nicecotedazur.org), dont deux très commodes pour circuler en ville, notamment pour rallier la gare, le port et l'aéroport.

La ligne 1, inaugurée en 2007, traverse le centre-ville. Elle relie la gare de Nice-Ville (gare Thiers) au Vieux-Nice au sud-est et au quartier Libération au nord. La ligne 2, inaugurée en 2019, assure une liaison est-ouest entre l'aéroport et le port. Les tramways circulent de 4h25 à 1h35 pour la ligne 1 et de 4h05 et 0h35 pour la ligne 2, toutes les quatre à cinq minutes environ. Il y en a moins la nuit et le dimanche.

Les tickets coûtent 1,50 €. On peut s'en procurer aux distributeurs situés aux arrêts. Il peut être intéressant d'acquérir une carte multi-trajets ou un pass en vente également aux distributeurs et valables dans les tramways et les bus. Tous les titres de transport (y compris les cartes pour la journée et la semaine) doivent être validés au début de chaque trajet.

Bus

Les bus Lignes d'Azur sont le moyen le plus pratique de se déplacer dans les quartiers périphériques comme Cimiez.

Un ticket coûte 1,50 € et permet de prendre une correspondance, y compris sur des lignes du département des Alpes-Maritimes. Si vous vous déplacez souvent en bus et en tramway à Nice, il peut être avantageux d'acheter un pass valable un jour ou plusieurs jours.

Les bus circulent toutes les 10 à 15 minutes de 6h à 22h environ. Entre 22h et 1h du matin, des bus de nuit (N1 à N5) circulent toutes les 30 à 45 minutes. Ils desservent plusieurs quartiers de la ville et partent de la station Promenade des Arts dans le centre-ville.

Les tickets sont en vente aux distributeurs ou à bord du bus. Ils doivent être validés à bord au début de chaque trajet.

Quelques services d'autocars (0800 06 01 06 ; zou.maregionsud.fr) sont particulièrement pratiques pour la portion de côte entre Nice et Menton :

- La ligne 100 circule sur la côte entre Nice et Menton tous les jours (de 5h55 à 20h30, toutes les 15 min, 1,50 €) en desservant notamment Villefranche-sur-Mer, Beaulieu, Èze-sur-Mer, Cap-d'Ail, Monaco et Roquebrune-Cap-Martin.
- Les bus express de la ligne n°100X relient 9 fois par jour Monaco

et Nice en 45 à 55 minutes (lun-ven de 6h15 à 17h25 depuis Nice, de 7h05 à 18h30 depuis Monaco, 4 €).

- La ligne 110 (Nice aéroport-Monaco-Menton) passe par la départementale (14 départs/jour, 22 €, 33 € aller-retour, 16,50 € -26 ans, 5 € -12 ans).

Vélo

Le système de vélos en libre-service **Vélo Bleu** (✆ 04 93 72 06 06 ; www.velobleu.org) permet d'explorer la ville à peu de frais. Il existe plus de 100 stations pour prendre ou restituer un vélo. Un abonnement pour 1j/7j coûte 1,50/5 €. L'utilisation est gratuite les 30 premières minutes, puis comptez 1 € pour 30 min à 1h et 2 € par heure supplémentaire. Certaines stations sont équipées d'automates acceptant les cartes bancaires, sinon il vous faudra un portable.

L'application Vélo Bleu permet de trouver la station la plus proche, donne des informations en temps réel sur le nombre de vélos disponibles et calcule les itinéraires jusqu'aux stations.

Voiture

Disposer d'un véhicule peut s'avérer utile pour explorer l'arrière-pays niçois. Si vous comptez louer une voiture, sachez que la plupart des grandes enseignes sont présentes à l'aéroport et à la gare de Nice-Ville.

Avis (www.avis.fr)

Budget (www.budget.fr)

Enterprise (www.europcar.fr)

Europcar (www.enterprise.fr)

Hertz (www.hertz.fr)

Sixt (www.sixt.fr)

Infos pratiques

Handicapés

Les lignes de tramway sont équipées de portes extra-larges et leur plancher au niveau du quai garantit l'accès aux fauteuils roulants. Des bandes de guidage tactiles aux arrêts de bus et de tramway facilitent la montée à bord des malvoyants. **Mobil'Azur** (✆ 0805 20 06 06 ; www.mobilazur.org) met sur demande un service de bus à disposition des handicapés.

Deux plages de Nice (celle du Centenaire et de Carras) sont accessibles en fauteuil roulant. Elles disposent de rampes d'accès, de fauteuils amphibies, de places de parking et d'un vestiaire adapté.

La plage de Carras est aussi accessible aux malvoyants. Les nageurs équipés d'un bracelet émetteur peuvent être guidés grâce à un système composé de balises sonores espacées de 15 m.

Pour plus d'informations, consultez la brochure *Nice Accessible : Guide Pratique* (www.nicetourisme.com/nice-accessible) de Nice Tourisme.

Cartes de réduction

Le **Pass musées de Nice**, valable 7 jours

et coûtant 20 € (contre 10 € pour une entrée simple !), donne accès gratuitement aux 14 musées municipaux dont le MAMAC, le musée des Beaux-Arts, le musée Masséna, le musée international d'Art naïf Anatole-Jakovsky, le musée d'Archéologie de Nice-Cimiez, le musée Matisse, le musée de la Photographie Charles Nègre, le palais Lascaris... Il est en vente sur place dans les musées participants. Les musées municipaux sont gratuits pour les moins de 18 ans et les étudiants.

On peut également se procurer pour 10 € un pass donnant accès à tous les musées et galeries municipaux pendant 24h.

Le **French Riviera Pass** (www.frenchrivierapass.com) donne accès à de nombreux sites culturels de Nice et de la Côte d'Azur ainsi qu'à des réductions sur un bon nombre d'activités de plein air. Il est en vente en ligne ou à l'office du tourisme de Nice.

Valable 1/2/3 jours (26/38/56 €), il donne accès au musée national Marc Chagall, au Grand Tour (visite en bus) et à des visites guidées à pied à Nice, ainsi qu'au musée Renoir de Cagnes, au musée national Fernand Léger de Biot, au jardin botanique d'Èze et aux Jardin exotique et musée océanographique de Monaco.

Office du tourisme

L'**office du tourisme** (☎ 04 92 14 46 14 ; www.nicetourisme.com ; 5 promenade des Anglais et gare de Nice-Ville, av. Thiers) est une bonne source d'informations (plans, brochures, renseignements sur les sites). Le centre du patrimoine organise un grand nombre de visites guidées thématiques (crypte archéologique, héritage italien, le baroque, etc). Il propose également des tours en bus à impériale et un petit train touristique.

Tarifs des restaurants

€ plat < 10 € ; repas < 16 €

€€ plat 11-15 € ; repas 16-30 €

€€€ plat > 16 € ; repas 30-50 €

€€€€ repas > 50 €

Hébergement

Première ville touristique de l'Hexagone après Paris, Nice dispose d'une gamme d'hébergements particulièrement diversifiée. La qualité n'est hélas pas toujours au rendez-vous, même si d'importants progrès ont été réalisés depuis quelques années.

Les prix augmentent fortement en saison, particulièrement en juillet-août, et les meilleures adresses sont souvent complètes. Il est donc recommandé de réserver bien à l'avance pour cette période, ainsi que durant les week-ends de mai à octobre.

Nombre d'établissements pratiquent plusieurs tarifs saisonniers. La plupart usent d'une basse/haute saison (généralement de mai à septembre), mais certains incluent aussi une très haute saison pour juillet-août.

La plupart des tarifs indiqués ne comprennent pas la taxe de séjour, qui varie de 0,73 à 3,18 € par personne et par nuit.

Sites Internet utiles

- **Airbnb** (www.airbnb.fr). Location saisonnière entre particuliers.
- **Lonely Planet** (www.lonelyplanet.fr). Réservation en ligne.
- **Office du tourisme de Nice** (www.nicetourisme.com/hebergements). La rubrique Hébergements propose des recherches thématiques et par budgets.

À Nice

Petits budgets

Auberge de jeunesse Les Camélias

(04 93 62 15 54 ; www.fuaj.org ; 3 rue Spitalieri ; nuitée à partir de 20,10 € petit-déj inclus, 6 nuits maximum ; ; 1 et 2 Jean-Médecin).

On traverse un petit parc fleuri avant de pénétrer dans cette grande villa Belle Époque. Dortoirs lumineux de 4 à 6 places, avec salle de bains. Salle commune, cuisine collective, laverie. Réservé aux adhérents FUAJ (carte individuelle/famille 11/20 €).

Au Picardy

(04 93 85 75 51 ; 10 bd Jean-Jaurès ; www.hotelaupicardy.fr ; d/tr/qua 34-59/59/65-75 € ; ; 1 Cathédrale/Vieille-Ville).

Face à la promenade du Paillon, ce petit hôtel familial séduit par ses chambres à petit prix, dont certaines avec clim et récemment rénovées – demandez la 4 ou la 11. W-C et douches sur le palier pour les moins chères. Un bon plan pour les budgets serrés.

Hôtel Belle Meunière

(04 93 88 66 15 ; 21 av. Durante ; s/d/tr/qua 46-98/48-102/93-144/108-160 € ; P ; 1 Gare Thiers).

Une clientèle d'anglophones fréquente cette belle maison à la façade jaune et blanc qui bénéficie d'un jardin aux arbres centenaires (idéal au petit-déjeuner !). La déco et la literie sont vieillottes, mais c'est lumineux et calme. Accueil très chaleureux. Proche de la gare.

Catégorie moyenne

Hôtel Les Cigales

(☎ 04 97 03 10 70 ; www.hotel-les-cigales.fr ; 16 rue Dalpozzo ; s/d/tr 80-150/90-190/105-205 € ; ; 2 Alsace-Lorraine).

Cet ancien hôtel particulier a bénéficié d'une rénovation complète en 2018. Ses 19 chambres sont élégantes et confortables avec un réel effort sur la décoration. Celles du deuxième étage, mansardées, offrent de beaux volumes. *Rooftop* à disposition des clients.

Hôtel Amour Nice

(☎ 04 65 27 10 10 ; www.hotelamournice.fr ; 3 av. des Fleurs ; d/studio 71-309/219-349 € ; ; 2 Alsace-Lorraine).

Entièrement rénovée en 2019 et bénéficiant de sa propre plage depuis 2020, cette adresse propose 38 chambres et un studio dans une ambiance cosy. La déco est soignée : meubles et objets chinés, chambres spacieuses aux couleurs pastel. On ne manquera pas de profiter du *rooftop* et de sa piscine réservée aux clients.

Hôtel Villa Victoria

(☎ 04 93 88 39 60 ; www.villa-victoria.com ; 33 bd Victor-Hugo ; d/tr 75-209/113-238 € ; P ; 2 Alsace-Lorraine).

Un havre de paix en plein centre-ville, l'Hôtel Villa Victoria propose 38 chambres élégantes et raffinées, certaines avec balcons, et un somptueux jardin de 600 m² idéal pour prendre le petit-déjeuner en été ou se détendre à toute heure de la journée. Accueil chaleureux. Service impeccable. Parking : 20 €/jour.

Hôtel Rossetti

(☎ 04 97 08 13 97 ; www.hotelrossetti.fr ; 1 rue Sainte-Réparate ; d 65-150 € ; ; 1 Cathédrale/Vieille-Ville).

À deux pas de la place Rossetti, un petit hôtel à la déco contemporaine. Les sept chambres, calmes, sont bien équipées : douche à l'italienne, bonne literie, TV... Terrasse avec vue sur la cathédrale Sainte-Réparate pour les petits-déjeuners en été.

Le Petit Trianon et le Charme des Suites

(☎ 04 93 87 50 48 ; www.lepetittrianon.fr ; 11 rue Paradis ; 95-140 € ; ; 1 Masséna).

Un immeuble discret, situé dans une rue piétonne donnant sur le jardin Albert-Ier, renferme cinq suites rénovées avec goût dans un style contemporain.

Hôtel de la Mer

(☎ 04 93 92 09 10 ; www.hoteldelamernice.com ; 4 pl. Masséna ; d/tr/qua 60-130/90-160/120-180 € ; 1 Opéra/Vieille Ville).

Situation idéale sur la place Masséna, dans un immeuble de style italien du XIXe siècle. Douze chambres, dont une avec balcon, vous attendent au premier étage. Décoration moderne mais chaleureuse, belles salles de bains, parquet, double vitrage.

Hôtel Windsor

(☎ 04 93 88 59 35 ; www.hotelwindsornice.com ; 11 rue Dalpozzo ; d 90-290 € ; ; 1 Masséna).

Vous avez toujours rêvé de dormir dans un musée ? Ici, chaque année, une chambre est décorée par un artiste contemporain. Toutes sont très confortables et calmes, et le service est irréprochable. Adorable patio tropical avec petite piscine et volière, restaurant, centre de remise en forme avec massages, hammam-sauna…

Catégorie supérieure

Hôtel Villa Rivoli

(04 93 88 80 25 ; www.villa-rivoli.com ; 10 rue de Rivoli ; d/tr/qua 91-208/183-225/203-254 € ; ; 1 Masséna).

Cet ancien hôtel particulier dispose de chambres confortables, décorées avec délicatesse : lustres, tapis d'Orient, gravures et miroirs anciens, tableaux, parquet… Jardin et joli salon à disposition des clients. Parking : 18 €/jour.

Hôtel Villa Rose

(04 93 84 45 93 ; www.hotelvillarose.com ; 43 av. Bellevue ; s/d 68-99/99-250 € selon confort et saison, petit-déjeuner 12 € ; P ; 1 Valrose Université).

Cette villa Belle Époque joliment rénovée se dresse au nord du marché de la Libération. La décoration de ses 11 chambres (dont 2 cottages avec Jacuzzi privatif dans le jardin) témoigne d'un goût très sûr. Service haut de gamme, petit-déjeuner de qualité et parking sécurisé.

Hôtel du Petit Palais

(04 93 62 19 11 ; www.petitpalaisnice.com ; 17 av. Émile-Bieckert ; s/d à partir de 99/111 € ; ; 1 Acropolis).

Sacha Guitry fréquenta ce havre de tranquillité et de verdure du quartier de Cimiez. Une élégante villa avec un joli jardin et des tables en fer forgé ornées de mosaïques. Chambres coquettes, certaines avec vue sur la mer. Accueil soigné.

Sur la Riviera

Èze Hermitage

(04 93 41 00 68 ; www.ezehermitage.com ; 1951 av. des Diables-Bleus, Èze ; d/tr/ste 80-195/115-215/160-310 € selon confort et saison ; plats 18-39 €, demi-pension 55 €/pers ; P).

Perché au-dessus du village médiéval, un havre de paix au charme provençal, récemment rénové. Les chambres sont décorées avec goût et élégance. Au rez-de-chaussée, le restaurant **Gaston** (04 93 57 43 63) propose dans un cadre moderne une cuisine travaillée d'inspiration provençale. Parking gratuit.

Hôtel de France

(00 377 93 30 24 64 ; www.hoteldefrance.mc ; 6 rue de La Turbie, Monaco ; s/d/tr 95-125/105-170/125-190 € selon saison ;).

Bonne situation dans le centre-ville de Monaco, dans une jolie rue calme non loin du palais princier, du port Hercule et de la gare. Cet hôtel de 26 chambres aux couleurs gaies, bien tenu, propose, outre un accueil très aimable, un excellent rapport qualité/prix.

En coulisses

Vos réactions ?

Vos commentaires nous sont très précieux pour améliorer nos guides. Notre équipe lit vos lettres avec la plus grande attention et prend en compte vos remarques pour les prochaines mises à jour. Pour nous faire part de vos réactions, prendre connaissance de notre catalogue et vous abonner à notre newsletter, consultez notre site Internet : **www.lonelyplanet.fr**

Nous reprenons parfois des extraits de notre courrier pour les publier dans nos guides ou sites web. Si vous ne souhaitez pas que vos commentaires soient repris ou que votre nom apparaisse, merci de nous le préciser. Notre politique en matière de confidentialité est disponible sur notre site Internet.

Un mot de l'auteure

Un grand merci à tous ceux qui m'ont soutenue, conseillée et accompagnée dans mes recherches : ma famille Christine, Thomas, Céline, Johann et Gilbert, mes amis et collègues Matthieu, Sylvain, Daniel et Gavin, ainsi que tous ceux qui m'ont aidée et renseignée sur place. Merci aussi à toute l'équipe Lonely Planet, en particulier à Nicolas et à Dominique pour leur confiance et leur bonne humeur.

Crédits photographiques

Photographie de couverture : Bord de mer, Promenade des Anglais à Nice © MariaMarcone / iStock by Getty Images

Photographies p. 26-27, dans le sens de l'horloge ; (haut) © EQRoy/shutterstock, (bas) © Rostislav Glinsky/shutterstock, © OSTILL/Getty Images

À propos de cet ouvrage

Cette 2e édition de *Nice, Monaco et la Riviera française En quelques jours* a été actualisée par Coralie Modschiedler. L'édition précédente était une traduction-adaptation du *Pocket Nice & Monaco*, rédigée par Gregor Clark.

Direction éditoriale
Didier Férat

Responsable éditorial
Dominique Bovet

Coordination éditoriale
Nicolas Guérin

Responsable prépresse
Jean-Noël Doan

Maquette
Caroline Donadieu

Cartographie
Martine Marmouget

Couverture Laure Wilmot

Merci à Jacqueline Menanteau pour sa relecture attentive.

Index

Consultez aussi les index :
Activités p. 174
Se restaurer p. 174
Prendre un verre p. 175
Sortir p. 175
Shopping p. 175

Références des **sites**
Références des **plans**

Références des **sites**
Références des **plans**

Activités

Se restaurer

Prendre un verre

Sortir

Shopping

L'auteure

Coralie Modschiedler

Journaliste spécialisée dans le voyage, Coralie est passionnée de cultures étrangères. Elle étudie le journalisme à Londres avant de travailler pour de nombreux magazines et guides de voyage. Aujourd'hui freelance, elle écrit en anglais et en français pour la presse tourisme et l'édition, notamment Lonely Planet et Visit London. En 2020, elle se réinstalle à Nice, dans la ville où elle a grandi. L'occasion de redécouvrir l'une des plus belles régions du monde, la Côte d'Azur, pour Lonely Planet.

Nice, Monaco et la Riviera française en quelques jours
2e édition

92 avenue de France - 75013 Paris

Dépôt légal Mars 2021
ISBN 978-2-81619-269-8

Imprimé par Estimprim, Autechaux, France
Réimpression 02, mai 2022

En Voyage Éditions | un département édi8